青少年体质健康丛书 | 丛书主编　林文弢

青少年心肺功能训练

林文弢　李裕和　黄治官 / 主编

科学出版社
北京

内 容 简 介

青少年健康事关国家和民族的未来。本书从认识青少年生长发育过程中的心肺系统功能特征出发，针对青少年心肺功能的体育锻炼效果、心肺功能测试和评价、心肺功能锻炼的原则和运动处方及常见锻炼方法等方面进行科普宣传和实践指导，以促进青少年体质健康。

本书适合青少年及其家长、以及关心下一代成长的教育工作者阅读。

图书在版编目（CIP）数据

青少年心肺功能训练/林文弢，李裕和，黄治官主编. —北京：科学出版社，2021.8

（青少年体质健康丛书/林文弢主编）

ISBN 978-7-03-069521-5

Ⅰ. ①青… Ⅱ. ①林… ②李… ③黄… Ⅲ. ①青少年–心脏功能试验–运动训练 ②青少年–肺–功能试验–运动训练 Ⅳ. ①G808.17

中国版本图书馆 CIP 数据核字（2021）第 158945 号

责任编辑：卢 淼 / 责任校对：何艳萍
责任印制：师艳茹 / 封面设计：润一文化

科学出版社 出版
北京东黄城根北街 16 号
邮政编码：100717
http://www.sciencep.com

三河市春园印刷有限公司 印刷
科学出版社发行 各地新华书店经销
*

2021 年 8 月第 一 版　开本：720×1000　1/16
2021 年 8 月第一次印刷　印张：8 1/4
字数：100 000

定价：49.80元
（如有印装质量问题，我社负责调换）

丛书编委会

主　编	林文弢				
副主编	王　兴	王春阳	冯　卫	刘书芳	李品芳
	李裕和	杨　玲	岳冀阳	徐国琴	黄治官
	崔旭艳	彭燕群	魏　源		
委　员	韦　婧	孔振兴	任　绮	李　明	李国君
	李宇星	杨贵明	吴丽萍	吴　敏	沈玉梅
	张林挺	张枝尚	张莹莹	陈　滔	陈小英
	陈淑林	范锦勤	黄燕玲	谭冬平	颜　旭

本书编委会

主　编　林文弢　李裕和　黄治官

副主编　谭冬平　张林挺

参　编　任　绮　林倍曼　童　聪

　　　　　张元威　陈婷婷

丛书序

少年强，则国家强。青少年健康事关国家和民族的未来，事关亿万家庭的福祉。良好的身体状况是每个人健康成长和幸福生活的根基。

近几年我国青少年体质的测试和分析显示：青少年体质健康状况总体不容乐观，居高不下的近视率令人担忧，近视群体低龄化发展的趋势仍很严重；各年龄段学生肥胖率不断上升；速度、力量素质提高趋于停滞；耐力素质在低谷徘徊，柔韧素质成绩向好；血压调节功能不良比较普遍。2016年5月14日《中国儿童青少年营养与健康报告》蓝皮书发行。该报告显示：1985—2014年，我国学生肥胖检出率呈现快速增长趋势，其中城市男生肥胖检出率从1985年的0.2%增长到2014年的11.1%。肥胖导致高血压的患病风险加大，2014年体重正常和肥胖学生的血压偏高检出率分别为4.96%和17.86%，相差近3倍。

影响青少年体质健康的原因比较复杂，但最根本的原因就是体力活动的明显减少。生活环境和饮食方式的改变、网络的普及、青少年的考试和升学的巨大压力、中小学体育教师数量和体育场地、器材的不足等，都阻碍了青少年获得持久的、足够的运动，使其未能养成经常性体育锻炼的行为习惯，导致并加速了青少年身体功能的退化，青少年体质健康水平也随之下降。

开展体育活动是增进学生身心健康的根本途径，是提升青少年体质的最有效的手段与方法，也是全面建成小康社会的必然要求。党和国家领导人一贯重视和关切青少年体质健康教育工作。1917年4月1日，毛泽东同志以笔名"二十八画生"在《新青年》第三卷第二号正式发表的第一篇学术论文《体育之研究》中，就为青少年体质健康教育工作指明了方向——欲图体育之效，非动其主观，促其对体育之自觉不可。① 他在新中国成立之初提出了沿用至今的"健康第一"的教育方针。

2015年5月31日新华网以《让祖国的花朵在阳光下绽放——以习近平同志为总书记的党中央关心少年儿童和少先队工作纪实》为标题报道了中国共产党历来高度重视少年儿童工作。在革命、建设、改革各个历史时期，党中央就我国少年儿童事业发展作出一系列重大部署。国家领导人也极为关注青少年的体质健康问题，对青少年体质健康教育工作做过很多重要批示。

党的十八大以来，以习近平同志为核心的党中央将青少

---

① 体育之研究. http://news.ifeng.com/history/special/wusiyundong/tansuodeniandai/200904/0429_6260_1130757.shtml.（2009-04-29）[2018-09-21].

年体质健康提升到更为显著的位置，习近平总书记个人也在各种公开场合表达了自己对足球运动的热爱，很好地推动和促进了"校园足球"的广泛开展，为青少年践行和实现"中国梦"奠定坚实的体质基础。2013年5月29日，习近平强调，"孩子们成长得更好，是我们最大的心愿"，"党和政府要始终关心各族少年儿童，努力为他们学习成长创造更好的条件"。① 他还强调，"全社会都要了解少年儿童、尊重少年儿童、关心少年儿童、服务少年儿童，为少年儿童提供良好社会环境"②。他还指出，"身体是人生一切奋斗成功的本钱，少年儿童要注意加强体育锻炼，家庭、学校、社会都要为少年儿童增强体魄创造条件，让他们像小树那样健康成长，长大后成为建设祖国的栋梁之材"③。

为了使党和国家领导人的重要指示和精神落到实处，中央政府相关职能部门积极行动起来，通过立法和制定政策、文件等形式，将青少年体质健康教育工作列入国家顶层政策设计的序列。2006年12月23日，在国务委员陈至立同志的亲自安排和领导下，教育部、国家体育总局在北京联合召开了新中国成立以来第一次"全国学校体育工作会议"，会议的主题是"切实加强学校体育工作 促进广大青少年全面健康

---

① 习近平：让孩子们成长得更好.http://cpc.people.com.cn/n/2013/0531/c64094-21684226.html.（2013-05-31）[2019-01-12].
② 让祖国的花朵在阳光下绽放——以习近平同志为总书记的党中央关心少年儿童和少先队工作纪实.http://politics.people.com.cn/n/2015/0601/c1001-27082762.html.(2015-06-01)[2019-01-12]
③ 习近平：把义务植树深入开展下去 为建设美丽中国创造生态条件.http://cpc.people.com.cn/n/2013/0403/c64094-21010148.html(2013-04-03)[2019-01-12].

成长"。2007年，胡锦涛总书记深刻地指出，"增强青少年体质、促进青少年健康成长，是关系国家和民族未来的大事，需要各级党委和政府的高度重视、全社会的关心支持"[①]，并希望教育部、国家体育总局制定具体可行的对策和方案。2007年5月7日，《中共中央 国务院关于加强青少年体育增强青少年体质的意见》下发，该文件作为新中国成立以来青少年体质健康教育政策的最高规格文件之一，成为这一时期及未来一段时间的重要纲领性文件。2011年教育部印发《切实保证中小学生每天一小时校园体育活动的规定》，该规定要求各地建立保证中小学生每天一小时校园体育活动问责制度。2012年10月，国务院办公厅转发教育部等部门《关于进一步加强学校体育工作若干意见的通知》，该通知要求，明确加强青少年体质健康教育的总体思路和主要目标，落实学校体育的重点任务，加强对学校体育的组织领导，建立健全青少年体质健康监测评价机制。2013年11月，党的十八届三中全会审议通过了《中共中央关于全面深化改革若干重大问题的决定》，该决定明确指出，各级政府要强化体育课和课外锻炼，促进青少年身心健康、体魄强健，这是党中央对学生体质和青少年体质健康教育工作的重大决策。2016年4月，国务院办公厅发布《关于强化学校体育促进学生身心健康全面发展的意见》，该意见对青少年体质健康教育工作提出

---

① 转引自：牢固树立"健康第一"教育理念 努力开创学校体育工作新局面——周济在全国亿万学生阳光体育运动推进会上的讲话. http://old.moe.gov.cn//publicfiles/business/htmlfiles/moe/moe_176/200910/53305.html.（2009-05-14）[2019-01-12］.

更为全面而长远的要求，指出学校体育要以"天天锻炼、健康成长、终身受益"为目标。2016年10月，中共中央、国务院下发了《"健康中国2030"规划纲要》。该纲要明确指出，以学校体育为突破口，建立学校健康教育推进机制。2018年1月，国家体育总局、教育部等七部门联合印发《青少年体育活动促进计划》，为落实全民健身国家战略，广泛开展青少年体育活动，培养青少年体育锻炼习惯，吸引更广泛的青少年参与体育活动，促进青少年身心健康和体魄强健。

我国青少年体质健康问题已经困扰我国学校教育和社会的发展。虽然近几年来我国采取了一系列改善青少年体质健康的措施与方法，使我国青少年体质健康连年滑坡问题有所遏制，但仍然未能找到从根本上解决这一问题的有效方法和途径。究其原因，主要是我们目前还缺少对青少年体质健康影响因素的科学认识，尚不能从身体、心理、行为习惯等因素系统、全面地解决青少年体质健康存在的问题。显然，构建改善青少年体质健康的理论体系已经成为从根本上扭转我国青少年体质下降态势的重要课题。

"青少年体质健康丛书"针对青少年身体发育、素质发展、行为习惯、运动习惯与体质健康之间的关系开展科普性宣传、教育和指导，围绕提高青少年体质的问题从不同方面展开宣教科普，并进行可操作性的实践指导，具有针对性、科普性、大众性、科学性等特点。丛书汇集青少年体质健康的最新研究动向和科研成果，从解剖结构、生长发育、专项素质（力量和速度）培训、专项素质（灵敏和柔韧素质）

心肺功能、身体素质的测试与评价、良好体态养成与不良体态矫正、如何进行体育锻炼减肥、运动处方、体育锻炼的营养补充、体育锻炼损伤的预防、眼健康等12个方面进行归纳总结,共有12个单册。丛书采用通俗易懂的形式,将最新的学术研究成果转化和应用到实践中,让青少年及其家长和社会上关注青少年成长的读者对影响青少年体质健康的各个影响因素有清晰的理解,同时从"家庭-学校-社会"全方位地指导青少年在身体、心理、行为习惯等方面科学地开展体育锻炼。这对青少年健康有着重要的作用,这对幸福中国及社会经济发展有着深远的意义。

丛书的主编由广州体育学院林文弢教授担任;每册书的主编均由教授、副教授和博士担任;主编和参编人员均为教学和科研第一线的教师。他们教学和科研经验丰富,多次主持和参与国家级、省部级有关青少年体质与健康的研究课题,多次获得了国家和省部级科研和教学成果奖,具有较强的专著编撰能力。

青少年是国家的未来,国家的财富。青少年的体质健康是国家强大的根本保证。祝愿我国的青少年在党和国家的关心和培育下,健康成长。

林文弢

2019年1月

前言

　　青少年介于儿童和成人之间，通常被认为是最健康的人群，其患病率和死亡率在各年龄群体中相对较低，导致青少年的健康问题未能引起社会的充分关注。事实上，相关的调查研究数据与资料显示，我国青少年"运动不足"的问题仍然突出，青少年群体的体质健康现状仍不容乐观。在美国、日本等发达国家，通常3/4的青少年死亡与健康危险行为有关。各国经验表明，青少年体质健康是世界范围内的共同问题，青少年体质健康关系国家发展，必须进行国家干预。特别是在现代化、网络化、城镇化等社会变化环境下，青少年需树立健康的体育行为和生活方式的理念，通过科学的体育锻炼提高自己的健康水平。促进青少年健康成长，是关系国家和民族未来的大事。

　　本书作为"青少年体质健康丛书"的其中一本，主要分为六章，第一章为心肺功能概述；第二章为体育锻炼与心肺功能；第三章为心肺功能测试与评价；第四章为心肺功能评估的运动试验；第五章为青少年心肺功能锻炼的原则与运动处方；第六章为青少年心肺功能锻炼的常见项目与注意事项。在编写内容上体现出针对性、科普性、大众性、科学性等特点。本书图文并茂、深入浅出地让青少年及社会大众理解青少年生长发育特征、生长发育与心肺功能的相互关系，着重让读者学习到在青少年不同生长发育时期，如何科学地提高心肺功能的可操作性方法，从而达到增强青少年体质的目的。

丛书序（林文弢）

前言

第一章　心肺功能概述……………………………………… 01
　　第一节　心血管系统的基本结构与功能　………… 03
　　第二节　呼吸系统的基本结构与功能　…………… 09

第二章　体育锻炼与心肺功能……………………………… 17
　　第一节　青少年心肺功能的发展特点　…………… 19
　　第二节　体育锻炼对心肺功能的影响　…………… 24

第三章　心肺功能测试与评价……………………………… 31
　　第一节　心肺功能与有氧耐力　…………………… 33
　　第二节　心肺功能测评的常用指标
　　　　　　及其测试方法　………………………… 38

第四章　心肺功能评估的运动试验 …… 51
　　第一节　运动试验简介 …………………………… 53
　　第二节　经典的心肺功能运动试验 ……………… 58

第五章　青少年心肺功能锻炼的原则与运动处方 …… 67
　　第一节　青少年心肺功能锻炼的原则 …………… 69
　　第二节　青少年心肺功能锻炼的运动处方 ……… 77

第六章　青少年心肺功能锻炼的常见项目与注意事项 ………………………………… 93
　　第一节　青少年心肺功能锻炼的常见项目 ……… 95
　　第二节　青少年心肺功能锻炼的注意事项 ……… 102

参考文献 ……………………………………………… 109

附录 …………………………………………………… 111

第一章
心肺功能概述

第一章 心肺功能概述

心肺功能即心肺系统的功能，包括心脏、血管和肺脏等器官功能，是维持人体新陈代谢、正常生命活动和运动的基础。心血管系统和呼吸系统虽然分属于两个生理系统，但其功能联系紧密。科学合理的运动锻炼可以改善青少年的心肺功能，促进其生长发育，提高健康体适能，减少疾病发生。

第一节 心血管系统的基本结构与功能

一、心血管系统的基本结构

心血管系统是由心脏和血管（动脉、毛细血管和静脉）组成的完全封闭的血液循环管道。以心脏为动力中心，通过血管将血液运抵全身各器官和组织。

（一）心脏

心脏是脊椎动物身体中最重要的器官之一，它像一个泵，主要功能是为血液流动提供动力，把血液运行至身体各个部分（图1）。人的心脏在胸腔中部，稍偏左下方，呈圆锥形，大小约跟本人拳头相等，内部有四个空腔，上部两个是心房，下部两个是心室。心房和心室的舒张和收缩推动血液循环。

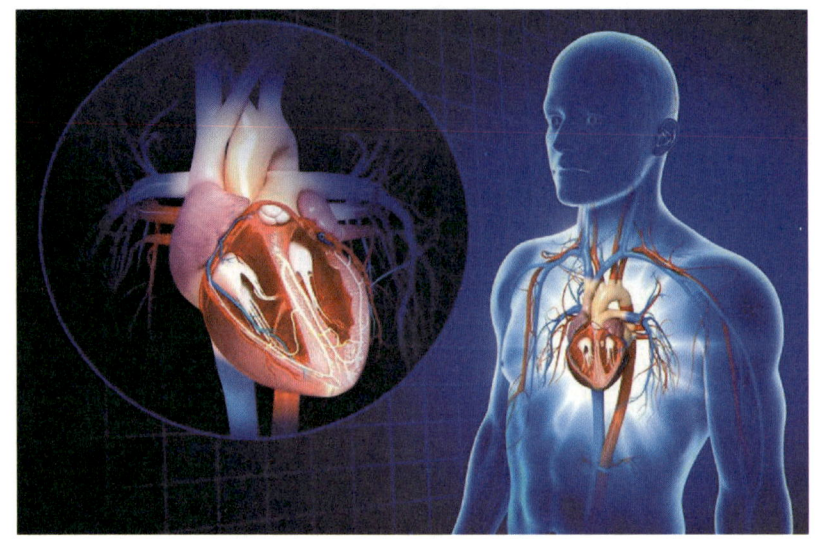

图 1　心脏

（二）动脉

动脉是运送血液离开心脏的血管。主动脉管壁弹性纤维较多，有较大的弹性，心室射血时管壁扩张，心室舒张时管壁回缩，促使血液持续向前流动。

（三）静脉

静脉是指运送血液返回心脏的血管。起始于毛细血管，止于心房。与动脉相比，静脉的管壁较薄。

（四）毛细血管

毛细血管是连于动脉与静脉之间，互相连接成网状的极细微的血管。其数量多,管壁薄,通透性较大,血液在其内流动缓慢,是血液和组织、细胞之间进行物质交换的场所。

(五)血液

血液指流动在心脏和血管内的不透明红色液体。主要成分为血浆、血细胞,还含有各种营养成分,如无机盐、氧,以及细胞代谢产物、激素、酶和抗体等。血浆约占人体血液容积的55%,其中90%左右为水分,其余为血浆蛋白。血浆是运输营养成分和代谢产物的主要载体。

血细胞约占血液容积的40%～45%,包括红细胞、白细胞和血小板。红细胞占血细胞总数约为99%;白细胞和血小板占1%左右。

红细胞的主要工作为运输氧和二氧化碳,可以说它是我们人体内不可缺少的"运输队"。

白细胞的体积比红细胞大,能做变形运动,是人体与疾病斗争的"卫士",有重要的免疫防御功能。当病菌侵入人体时,白细胞能通过变形而穿过毛细血管壁,集中到病菌入侵部位,将病菌包围、吞噬。

血小板是大量存在于血液中的无核盘状小细胞(直径约3 μm)。它是血液中数量最少、体积最小的血细胞,具有加速血液凝固和止血的作用。

血液在调控正常身体机能中起重要作用,在运动中的主要作用表现在:运输功能、调节体温、防御和保护、维持内环境的相对稳定等。

我们比较熟悉的是血液的运输功能。除此之外，血液在身体活动中通过皮肤的血管舒缩在调节体温过程中发挥着重要作用。当外界环境温度升高时，体热可随水分经皮肤蒸发散热，以维持人体体温的恒定（图2）。在我们剧烈运动后，血液中会产生较多的乳酸使肌肉酸痛。血液中的乳酸浓度主要取决于肝脏及肾脏的合成速度和代谢率，是评测体能类项目大强度训练时监控训练强度的敏感性、特异性指标。

图2　温度过高可以通过皮肤散热

二、心血管系统的功能

心血管系统以心脏为动力中心，通过血管将血液运抵全身各器官和组织。它也是一个密闭的循环管道，血液循环在其中进行，不断地将氧气、营养物质和激素等运送到全身各个组织器官，又将器官组织呼吸作用产生的二氧化碳和其他代谢废物运送到排泄器官并排出体外，以保证生理活动的正常进行。

（一）体循环

心脏实际上是由两个分开的血泵构成：右心，泵血通过肺，称肺循环；左心，泵血通过身体其他各部分，称体循环。体循环的主要功能是完成物质和气体的交换，将营养物质和氧气运送到全身各处，血液由含氧丰富的动脉血变成含氧少的静脉血（图3）。

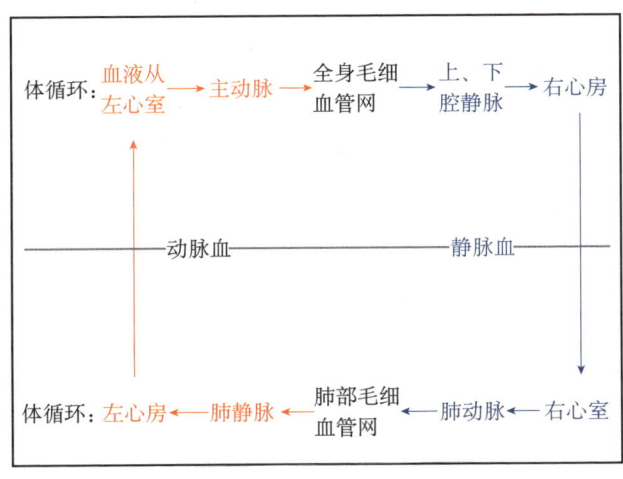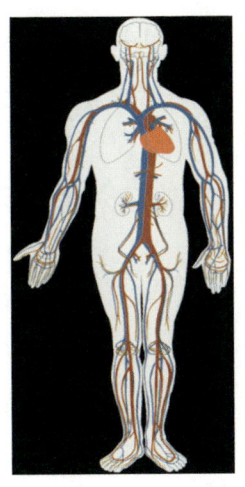

图3　人体体循环（也称"大循环"）

心输出量，指每分钟由一侧心室输出的血量。健康成年男性静息状态下的心输出量约为 5 L/min（4.5～6 L/min），剧烈运动时可达 20 L/min，而训练良好的马拉松运动员运动时可高达 35～40 L/min。心输出量等于每搏输出量（心脏搏动 1 次，由一侧心室射出的血量）与心率（1 min 的心跳次数）的乘积。体育锻炼时，心输出量会因心率或每搏输出量的增加而增加。无论是男性还是女性，最大心输出量在 20 岁以后都开始下降，这主要是最大心率的下降引起的。

血压指血管内的血液对于单位面积血管壁的侧压力。临床应用中常以血压计所测肘关节以上肱动脉血压为准。心室收缩时，主动脉压急剧升高，并在收缩期的中期达到的最高值，称为收缩压；心室舒张时，主动脉压下降，在心舒末期动脉血压的最低值，称为舒张压。高血压是指以体循环动脉血压（收缩压和/或舒张压）增高为主要特征（收缩压 ≥ 140 mmHg，舒张压 ≥ 90 mmHg），可伴有心脏、脑、肾等器官的功能或器质性损害的临床综合征。

（二）肺循环

肺循环，指从右心室射出的静脉血入肺动脉，经过肺动脉各级分支，流至肺泡周围的毛细血管网，在此进行气体交换，使静脉血变成含氧丰富的动脉血，经肺内各级肺静脉属支，再经肺静脉返回左心房的循环路径。肺循环路程短、压力低，只通过肺，其主要功能是完成气体交换。

第二节 呼吸系统的基本结构与功能

一、呼吸系统的基本结构

呼吸系统是人体参与呼吸的器官总称，包括鼻腔、咽、喉、气管、支气管和肺（图4）。

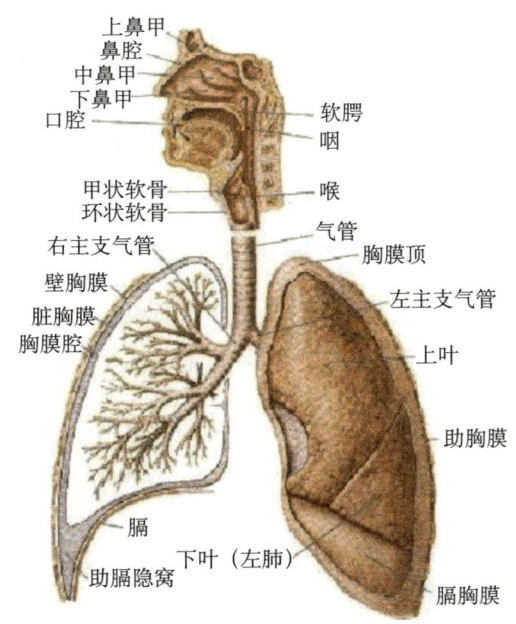

图 4　呼吸系统

（一）上呼吸道

上呼吸道包括鼻、咽、喉。

鼻是呼吸道的起始部，也是嗅觉器官。咽是消化管和呼吸道的共同通道，位于鼻腔、口腔和喉的后方。喉，位于颈前部，是呼吸道的组成部分，也是发音器官。

（二）下呼吸道

下呼吸道包括气管、支气管及其各级分支。

气管、支气管是人体的呼吸通道，人们把支气管与树联系在一起，是因为气管、支气管及其分支的形状就像是一棵枝干繁茂的倒置的大树，故名支气管树。树干气管在上，树枝支气管及分枝在下。另外，支气管树是空心的，其管腔为气流的通道。肺中的支气管经多次反复分支成无数细支气管，其末端膨大成囊，囊的四周有很多突出的小囊泡，即为肺泡。肺泡是肺部气体交换的主要部位，也是肺的功能单位。吸入肺泡的气体进入血液后，静脉血就变为含氧丰富的动脉血，并随着血液循环输送到全身各处。

肺是呼吸系统中最重要的器官，也是人体重要的造血器官，位于胸腔内，纵隔两侧，分为左肺和右肺，呈海绵状，富有弹性。婴幼儿肺呈淡红色，随着生长，空气中的尘埃和炭粒等被吸入肺内并沉积，使肺变成暗红色或深灰色。生活在烟尘污染重的环境中的人和吸烟者的肺呈棕黑色。

二、呼吸系统的功能

呼吸系统的主要功能就是进行气体交换。吸气时，空气进入肺部，空气中的氧气通过肺泡扩散至血液，经循环传遍全身，同时，组织代谢产生的二氧化碳经血液循环运至肺部，通过呼吸系统排出体外。

- 呼吸功能：呼吸系统完成外呼吸的功能，即肺通气和肺换气。肺通气是肺与外界环境之间的气体交换过程；肺换气是肺泡与肺毛细血管血液之间的气体交换过程。
- 防御功能：防御功能通过物理机制、化学机制、细胞吞噬和免疫机制等而得以实现。
- 代谢功能：对于肺内生理活性物质、脂质、蛋白质及活性氧等物质，肺具有代谢功能。某些病理情况能导致肺循环的代谢异常，可能因此导致肺部疾病的恶化，或导致全身性疾病的发生。
- 神经内分泌功能：肺组织内存在一种具有神经内分泌功能的细胞，称为神经内分泌细胞或K细胞，与肠道的嗜银细胞相似。

三、心肺功能

心肺功能是指人体心脏泵血及肺部吸入氧气的能力，两者的能力又直接影响全身器官及肌肉的活动，因此十分重要。

通过有益的运动可改善心肺功能，比如改善心脏供血情况，使心肌纤维变粗，其内所含的收缩蛋白和肌红蛋白增多，出现心脏"运动性增大"现象；心肌收缩力增强，心搏有力，促进血液循环，提高器官的功能活动。有益的运动可以预防动脉硬化及血栓形成，减慢心血管的衰退速度。经常参加运动锻炼能使心脏冠状动脉的侧支循环血管增多、血管腔增大、血管壁弹性增强，从而改善心脏自身的血液循环，使心脏自身和整个血液循环系统的功能得到增强。科学研究表明，根据运动锻炼程度不同，心血管系统衰退速度可减慢 10～20 年。运动锻炼可以增强心血管功能，进一步改善与加强呼吸系统的机能，增强机体的抵抗力。人体在运动过程中呼吸加深、加快，肺活量增大，吸入更多的氧气并呼出大量二氧化碳，肺内残气量减少，从而增强了肺功能。长期坚持运动锻炼，能够保持肺组织的弹性，提高呼吸肌的收缩力，加强胸廓的活动幅度，改善肺的通气及换气功能，增强吸氧能力，并能改善全身组织的供氧，从而延缓全身各器官的衰退进程，预防和减免呼吸系统常见病及慢性病的发生。

四、我国居民心肺功能现状与思考

（一）现状

随着我国经济社会发展和卫生健康服务水平的不断提高，居民人均预期寿命不断增长。慢性病患者生存期的不断延长，伴随人口老龄化、城镇化、工业化进程加快和行为危险因素流行对慢性病发病的影响，我国慢性病患者基数仍将不断扩大，同时因慢性病死亡的比例也会持续增加。据《中国居民营养与慢性病状况报告（2020年）》显示，2019年我国因慢性病导致的死亡占总死亡的88.5%，其中心脑血管病、癌症、慢性呼吸系统疾病死亡比例为80.7%。心脑血管病及相关慢性病发病呈现年轻化趋势。防控工作仍面临巨大的挑战。

2021年4月，央视新闻报道了一份针对115余万在校学生体质健康的调查数据，监测结果显示全国学生体质健康"不及格率"基本呈下降趋势，但视力、肥胖相关数据却在不断上升。据教育部数据显示，截至2020年，全国学生体质健康不及格率，小学生6.5%，初中生14.5%，高中生11.8%，而大学生为30%。小学生的体质健康水平最高，大学相比高中、初中甚至小学都有明显下滑，分析这可能与学制或教育政策相关。

在信息化时代，手机、电脑、外卖等新兴事物不断丰富着我们的生活，静态的生活方式给青少年带来了诸多健康风险，如肥胖、近视、脊柱问题等，甚至影响其成年后的健康寿命。《中国居民营养与慢性病状况报告（2020年）》显示，城乡各年龄组居民超重肥胖率继续上升，有超过一半的成年居民超重或肥胖，6～17岁、6岁以下儿童青少年超重肥胖率分别达到19%和10.4%。能量摄入和能量支出不平衡是导致个体超重肥胖的直接原因。中国18岁及以上居民男性和女性的平均体重分别为69.6 kg和59 kg，与2015年发布结果相比分别增加3.4 kg和1.7 kg。另外，肥胖也会严重影响儿童青少年的心理健康，导致其社会适应能力较弱。很多家长出于对孩子的宠爱，经常无原则地满足孩子不合理的饮食要求，这也是儿童青少年挑食、偏食、肥胖的重要原因。

（二）思考

良好的心肺功能或心肺耐力是健康的核心要素。经常参与体育锻炼的青少年能够有效保持足够的有氧耐力，且维持良好的功能水平。当今我国青少年的肥胖率和超重率一直居高不下。青少年的肥胖与生活方式密切相关，一般认为是缺乏体力活动和膳食热量摄入过多导致的，以营养过度、运动不足、行为偏差、全身脂肪组织过度堆积等为明显特征。若不及时干预，可能发展为成年期肥胖，是心血管疾病、糖尿病、高血压的重要危险因素。提高心肺耐力是有效防治肥胖以及其他慢性疾病的方法之一，维持足够的有氧耐力对降低以上疾病及某些癌症有着重要作用。

青少年肥胖问题已引起全社会的高度关注。针对肥胖青少年减肥与防治的方法有很多，主要有行为治疗、膳食、心理、临床和综合干预等手段。相对于其他方法，通过增加体力活动控制超重和肥胖是既安全又具有实效性的措施，同时通过运动能够促进青少年生长发育、有利于增强体质，因此运动减重是防治青少年肥胖的首选方法，如图5是本书团队举办的"太极进校园"公益活动，旨在促进太极运动与文化在青少年群体中的传播与发展，传递快乐健身。学校和家长应督促孩子在体育课或课余时间多参加体育锻炼，开展青少年喜爱的体育活动，鼓励孩子走到室外，对患有疾病或特殊的青少年应制定相应的运动处方，以增强他们的心肺功能。

图5　本书团队举办的"太极进校园"公益活动

第二章
体育锻炼与心肺功能

第二章　体育锻炼与心肺功能

人们通常用健康体适能来描述与健康相关的体质状况。心肺耐力、肌力、肌肉耐力、身体成分和柔韧性等共同构成了健康体适能的五大要素，其中心肺耐力对机体的健康尤其重要。

提高心肺耐力对改善人体机能有如下好处：

对心脏而言，可以使心脏每次跳动输出的血液增加，每分钟心跳数减少，心脏收缩能力增强，供血效率高。

对肺功能而言，可以改善呼吸肌的效率与耐力，每次呼吸的换气量增加。

对血管和血液而言，可以增加血管弹性与功能，降低血脂浓度，提高毛细血管密度，增加血液量。

总的来说，与心肺耐力较差的人相比，心肺功能良好者具有较强的免疫力，更利于抵抗病毒、细菌的入侵，尤其是患心脑血管疾病的风险明显降低。

第一节　青少年心肺功能的发展特点

青春期之前，青少年心血管系统发育尚未完善，心脏容积体积小，心率（heartrate，HR）快，心输出量小，动脉血压低。呼吸系统的肺容量小，呼吸肌弱，呼吸频率快，最大摄氧量（VO_{2max}）小。

进入青春期后，心肺发育迅速。13～14岁以后，心血管机能逐渐接近成人水平。在10～11岁和13～14岁时摄氧量增大最为明显。在青春期充分发展的基础上，男孩还有7%、女孩还有10%的提高潜力。

青春期之前，男孩、女孩的有氧能力没有显著差别。但从14岁开始，女孩的有氧能力显著低于男孩，大约只有男孩的85%。女孩的有氧能力从14岁开始便进入平台期，增长较缓，男孩的有氧能力则能一直增长到18岁。有氧耐力在青春期早期阶段开始快速发展，一般耐力的敏感期在12～14岁。以有氧耐力练习为主，可使心肺功能产生良性适应。专项耐力的敏感期在15～16岁。

一、青少年循环系统的发展特点

青少年的心血管系统正处在发育之中，心肌纤维短而细，弹力纤维较少，心脏瓣膜发育不完善，心脏的体积比成人的小，重量较成人的轻。因此，青少年心率较成年人快，以后随着年龄的增加而逐渐减慢，20岁左右趋于稳定。

由于青少年的神经调节机能尚未十分完善，神经活动过程的兴奋性较高，因而在体力活动和情绪紧张时常出现心跳显著增加和节律不齐的现象。青少年的每搏输出量和每分输出量的绝对值比成年人小，但其相对值（以每公斤体重计算）比成人大，年龄越小则相对值越大。这就保证了在发育过程中因身体代谢旺盛所需的氧供应。这个特点也说明了青少年的心脏能适应短时期紧张的体育活动。与成年人进行同样负荷运动发现，青少年在运动时需要更多的心输出量供给，因此青少年心率会比成年人高。

青春期前儿童的血压较成人低，年龄越小则血压越低。其原因是血管的发育先于心脏，年龄越小，血管发育超过心脏发育的程度越大，因此血管内的阻力越小。青春期以后，青少年的心脏发育迅速超过血管的发育，血压随之升高，以收缩压较为显著。有的甚至出现暂时性血压偏高现象，其原因可能与青少年时期的血液循环系统功能和神经系统体液调节不稳定有关，对此应慎重鉴别，不能一概定为病理性的高血压。

二、青少年呼吸系统的发展特点

青少年呼吸器官组织娇嫩，呼吸道黏膜容易损伤。肺组织中弹力纤维较少，间质多，血管丰富。肺的含血量较多，而含气量较少。随着年龄的增长，弹力组织增加，肺容量也随之增大。青少年的肺活量较小，呼吸频率较快，随着年龄增长，呼吸频率逐渐减慢，肺活量逐渐增加。

由于青少年的呼吸肌发育较弱，胸廓较小，肺活量较小，因而在体育活动中主要靠加速呼吸频率来增大肺通气量。而且青少年的神经调节机能尚未十分完善，当进行运动时，呼吸与运动之间不能很好地配合。年龄越小，这种不协调现象则越明显。

三、青少年心肺功能发展的影响因素

心肺功能是影响人体健康的最重要因素之一。总的来说，包括先天性因素和后天性因素。

先天性因素主要有遗传因素和母亲孕育过程。父母亲将遗传物质传递给后代，决定了人的先天的解剖生理特点，比如遗传因素对心脏体积、肺体积与容量、安静时的心率等作用较大，对血压和肺流量的作用为中等，对有氧耐力的作用为中到大，对无氧耐力的作用为中等。

影响青少年心肺功能的后天因素较多，包括营养不合理、睡眠不足、自然环境、家庭环境和社会环境等。比如，在一些家庭中，父母的溺爱、不重视体育活动和不培养体育活动习惯，导致学生普遍不能吃苦和体质差。一些学校的体育可能忽视学生的体能发展，没有很好发挥学校体育教育应有的作用。体育课是学生的运动体验，是提高体育素养，规范和完善体育行为的过程。体育教师的素质参差不齐，其本身对体育教学实施效果的好坏直接影响学生的体育行为习惯的形成。如果教师对体育锻炼和身体健康之间的关系不明确，在教学中很难让学生了解体育锻炼的重要性，这将最终影响学生的体育意识和参与积极性，从而影响健康发展。

在众多的影响因素中，青少年身体活动不足是其中最重要的。世界卫生组织在 2019 年 11 月发布了全球首份"青少年身体活动研究报告"。报告显示，目前全球大多数青少年身体活动不足，对青少年的健康十分不利，各国都迫切需要采取行动来改善这种状况。此项研究历时 15 年，以全球 146 个国家和地区的 160 万名 11～17 岁青少年学生为样本。调查数据涵盖所有类型的身体活动，包括活动游戏、消遣、运动、活动类家务、步行、骑行或其他类型的主动式交通出行、有计划的体育锻炼等。研究发现，全球 85% 的女孩和 78% 的男孩没有达标。全球 80% 以上在校青少年没有达到世界卫生组织的建议运动量，即每天至少一小时的身体活动，其中韩国的情况最严重，94% 的青少年身体活动不足。世界卫生组织表示，如果这种趋势继续下去，那么联合国提出的"到 2030 年将全球身体活动不足比率降至 70% 以下"的目标将无法实现，因此呼吁各国采取紧急行动，从学校、家庭、城市规划、道路安全等多方面着手，提供更多运动、游戏的机会，促进青少年进行身体活动。在青春期养成积极运动的生活方式对健康的益处很大，包括改善心肺功能和控制体重等。此外，还有越来越多的研究数据表明，身体活动对认知的发展和社交也有积极影响，这些好处可以持续到成年。

第二节 体育锻炼对心肺功能的影响

近年来，国内外体育界提出了运动负荷有效价值理论，即在运动锻炼过程中，脉搏在 120～140 次/min 之内称为有效价值范围理论。在这个范围内，心搏出量和心输出量是最大的。目前，针对青少年运动锻炼的负荷强度研究较多。有国外学者认为，训练强度在 70% 最大摄氧量能够最佳地提高最大摄氧量，其原因是在这个强度下能够对心肌产生最适宜的刺激。例如，健美操、轮滑、骑自行车等有氧运动，可以提高青少年的心肺功能，促进青少年身心全面发展。总之，健康又科学的有氧锻炼对提高青少年心肺功能是极其有益的。

一、体育锻炼对心血管系统的影响

心脏是人体血液循环的动力性器官，血管是血液流动的管道，二者的结构与功能状况可直接影响人体所需要的营养物质和氧气以及代谢废物的输送，进而影响人体的基本生命活动。然而，不同的体育运动对心血管系统的结构和功能的影响却有不同的效果。科学地进行体育锻炼或训练，对心血管的结构和功能可产生良好影响；反之，运动过度或不正确的运动方式则可产生不良影响。

心脏的发育，在幼儿期的头 5 年心肌增长较快，进入儿童期后心脏的容积才急剧增长，弹力纤维逐渐扩散到心肌层。到了青春发育期心脏的发育进入第二次高峰，其重量可达出生时的 10 倍，而在青春发育期后期可达出生时的 12～14 倍。女孩在 11 岁、男孩在 14 岁时，心脏体积增长最显著，此时，正确的体育锻炼能使青少年的心脏获得良好的发展。体育锻炼对心血管系统良好的影响表现在以下几个方面。

1. 心脏发生"健康性肥大"变化

长期坚持适宜的体育锻炼或训练，可使心脏的体积和重量增加，表现为心肌纤维增粗，其所含肌红蛋白和肌球蛋白增多。一般人心脏重约 300 g，而运动员的心脏可达 400～500 g。这种因适应运动需要所发生的心脏增大是一种功能性增大，称为"运动员心脏"。

2. 心脏每搏输出量增加

心脏每搏动一次射出的血量称为每搏输出量。每分钟心脏输出血量的多少取决于心率和每搏输出量，但每个人运动时最高心率是有限的，所以增加每搏输出量是一个很重要的因素。经常进行体育锻炼可增加每搏输出量，如一般人每搏输出量为 50～70 mL，剧烈运动时可达 110 mL 左右；经常锻炼的人安静时每搏输出量为 90～100 mL，运动时可达 180 mL 左右。

心肺功能锻炼在改善血管弹性方面发挥着积极、有效的作用。主要表现为体育锻炼可使动脉管壁中膜增厚，弹性纤维和平滑肌增厚，血管壁的弹性增强，搏动有力，有利于血液流动。

3. 安静时心率徐缓

心脏每分钟搏动次数称为心率。正常人安静时为 60～80 次 /min，经常参加体育锻炼的人，心率比相对缺乏锻炼的人要低。据对 260 名参加奥运会运动员的心率进行测定，发现他们的平均心率为 50 次 /min，其中最低者为 30 次 /min。这是因为参加体育锻炼使其心脏机能水平提高，心肌纤维变粗，收缩更加有力，每次收缩所射出的血量增多，因而在心率减少的情况下也能满足人体所需要的血量。心率徐缓，搏动有力，使心脏在每次收缩后有较长时间的休息，不易产生疲劳，心房舒张期延长又可以充盈更多的回心血量，又为心室下次射血做好了血量和机能上的准备，这是心脏机能节省化的表现。例如，如果安静时心脏每分钟输出 4.5 L 血量就可以满足人体全身代谢需要的话，一般人心脏每搏输出量约 60 mL，则需每分钟搏动 75 次；而运动员每搏输出量约 90 mL，所以每分钟只需要搏动 50 次就够了。而在激烈体力活动当中，有锻炼基础的人，心率达到 200 次 /min 时，也不会感到不舒服，而没有锻炼基础的人则往往承受不住。另外，经常参加体育锻炼的人的血管壁弹性较好，血管中障碍物质少，且发达而丰满的肌肉起着"第二心脏功能的作用"等，以上现象均提示心血管系统的机能得到提高。

总的来说，长期的运动锻炼能改善心血管系统的调节机能，主要表现为：

1）动员快，即运动开始时能迅速动员循环系统的功能，以很快适应运动的需要；

2）潜力大，即运动时能发挥最大机能能力，充分动员心力储备；

3）恢复快，即运动时机能变化很大，一旦运动停止就能很快地恢复到安静时的水平。

二、体育锻炼对呼吸系统的影响

人的生命活动时刻离不开氧气，在完全缺氧的情况下，人的生命只能维持几分钟。从这点上看，氧气对于维持生命活动来说，比食物显得更重要。同时，人体内在代谢过程中所产生的二氧化碳等废气，需及时排出体外，这都需要有较强呼吸系统的机能。经常参加体育锻炼，有助于改善和提高呼吸系统的机能，具体表现在以下几个方面。

1. 呼吸肌功能增强

人体脊柱、胸骨和肋骨等构成了胸廓，两叶肺就在胸廓内。呼吸肌主要有肋间肌、膈肌等。运动时由于呼吸作用加强，呼吸肌逐渐发达，变得强壮有力。人的胸围增大，加大了呼吸动作的幅度。吸气时在呼吸肌的作用下，肺随着胸腔的扩大而扩大，增加了吸入的气量。呼气时肌肉的收缩又可呼出更多的二氧化碳。呼吸肌机能的提高，可以减少呼吸肌疲劳，预防呼吸衰竭。锻炼对呼吸肌的影响可以从呼吸差的变化中看出（尽力吸气与尽力呼气时胸围之差，称呼吸差），一般人只有 5～8 cm，而运动员可达 9～16 cm。

2. 肺活量增加

一次深吸气后所能呼出的最大气量称为肺活量。正常成人肺活量为 2500～4000 mL，经常从事长跑锻炼的人可达 4500～6500 mL 或以上。经常参加体育锻炼的青少年的肺活量也大于没有锻炼基础的青少年。这主要因为青少年时期也是数亿肺细胞渐趋成熟及迅速发展时期，体育锻炼能使肺泡充分张开，这对肺泡的生长发育及弹性的维持均十分有益。

3. 安静时呼吸频率慢且呼吸深度加深

成人每分钟呼吸 14～16 次，经常锻炼的人呼吸深而慢，每分钟 8～12 次，这主要是由于锻炼者的呼吸肌力大，每次呼吸后进入肺的气量多（一般人每次 300～500 mL，常锻炼者可达 600～1500 mL），在单位时间内只需较少的呼吸次数就可以满足氧气交换的需要，这样使呼吸肌获得较长时间的休息。

4. 负氧债能力提高

人在进行剧烈运动时需要消耗大量的氧，但是如果最大摄氧量不能满足人体运动时所需要的氧气时，有一部分能量供应只有通过无氧酵解来实现，这就形成了氧债。氧债必须在运动后进行偿还，这也是运动后快速喘气的原因。一般人最大氧债不超过 5～7 L，而运动员则可达 20 L。运动后肌肉的酸痛，通常是在缺氧的情况下由糖酵解产生的大量乳酸在体内堆积所造成的，这些乳酸通常需要在运动停止后通过吸收氧气进一步分解才能消除。不常锻炼者由于呼吸机能较差，负氧债的能力稍低，一运动就气喘不止，浑身肌肉酸痛。而锻炼有素的人不但能进行较长时间的运动，而且对酸性物质的耐受力较强，出现疲劳后消除也快。

三、有氧运动与心肺功能

有氧运动是长时间在有氧代谢状态下进行持久性运动，使得心（血液循环系统）、肺（呼吸系统）得到充分的有效刺激，提高心肺功能，从而让全身各组织、器官得到良好的氧气和营养供应，维持最佳的功能状况。人体的大部分器官都有较大的储备能力，储备能力的降低在静息状态下不易表现出来。我们在进行有氧运动时，呼吸机制提供的氧气保障了身体能量的补给。氧气经由肺部到达心脏，而后随血液流动到全身各个部位。这一过程能够使心肌力量在一次次的收缩和扩张中得到加强，心脏的功能也随之加强。同时，运动中呼吸频率的增加以及呼吸深度的提高，使肺部吸氧功能得到加强，肺循环水平得到提高，则人体的心肺功能也得到相应提高。

第三章
心肺功能测试与评价

第三章　心肺功能测试与评价

身体机能是指人的整体及其组成的各器官、系统所表现的生命活动。测量这些机能的目的是阐明其机能规律、特点及其影响因素。身体机能的测量，应选用简便易行、能客观地反映人体的正常机能水平及运动锻炼前后水平变化的指标，对所获取的各种生理机能信息给予客观评价。运动锻炼促进身体机能发展的一个重要体现就是心肺功能的改善。反映心肺功能的指标主要有心率、血压、最大摄氧量、肺活量等。通常通过这些指标在运动锻炼前后的变化来反映运动锻炼的效果。

第一节　心肺功能与有氧耐力

一、评价心肺功能的意义

我国教育部等部门定期对全国学生体质与健康状况进行监测。据《中国居民膳食指南科学研究报告（2021）》数据显示，近30年来，我国儿童青少年生长发育水平持续改善，6～17岁男孩和女孩各年龄组身高均有增加，平均每10年身高增加3 cm。农村儿童身高增长幅度为男生4 cm、女生3 cm，大于城市儿童男生3 cm、女生2 cm的身高增长幅度（图6）。

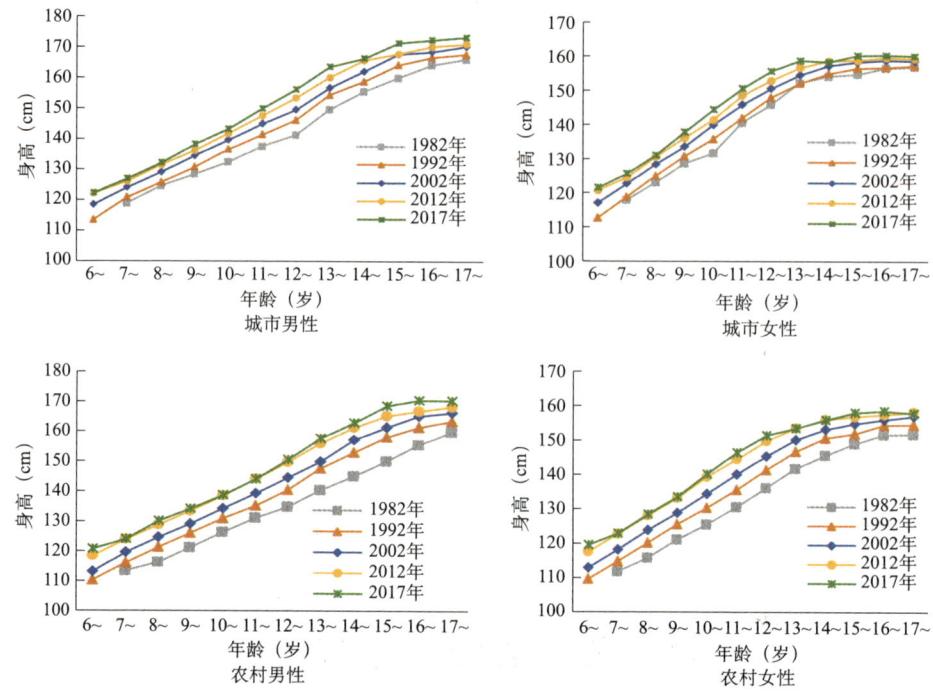

图 6　1982～2017 年中国儿童青少年身高变化趋势
资料来源：《中国居民膳食指南科学研究报告（2021）》

心肺功能指的是人的摄氧和转化氧气成为能量的能力。整个过程，牵涉心脏制血及泵血功能、肺部摄氧及交换气体能力、血液循环系统携带氧气至全身各部位的效率，以及肌肉使用这些氧气的功能。心肺功能能力与健康密切相关，心血管疾病带来的死亡风险很大。有数据显示，心肺功能差的人，存在较高的心血管疾病发生风险。增强心肺功能可以较大地降低死亡的风险，而经常进行体力活动可以提高心肺功能，增强身体的抵抗力，对健康水平的提高有很大意义。

20 世纪 80 年代，日本和美国等发达国家就将心肺功能指标列入国家健康评价体系。我国教育部和体育总局自 2002

年发布《国家学生体质健康标准》以来，取得了很好的经验，并于2014年对该标准进行了修订。

青少年时期是身体生长发育的黄金时期，有研究显示，青少年时期的心肺功能水平发展越好，对成年后的心肺功能越有积极的影响。所以，在青少年阶段应进行科学且合适的体育运动，促进青少年心肺功能水平发展，增强青少年体质，促进青少年健康成长，这是关系国家和民族的大事。

二、有氧代谢供能与无氧代谢供能

在人体内，只有三磷酸腺苷（ATP）是肌肉收缩的直接能源，但人体内ATP的含量有限，因此只有边分解，边合成，才能不断供应肌肉活动的需要。在体内有两种系统可以合成ATP，一种需要氧的参与，称作有氧代谢供能系统；另一种是在无氧条件下产生ATP，称作无氧代谢供能系统。

1）有氧代谢供能

在氧供应充足条件下，糖类（葡萄糖或肌糖原）和脂肪被氧化成二氧化碳和水，并释放出大量能量，这一过程称为有氧代谢供能。除糖类和脂肪可氧化供能外，蛋白质也可氧化供能，但比例较小。运动初期，糖类是主要的供能物质，随着时间的延长，脂肪供能比例增加，蛋白质也参与供能。有氧代谢供能状态下的运动，简称为有氧运动。

2）无氧代谢供能

无氧代谢供能包括在无氧或氧供应不足情况下，高能磷酸化合物（ATP 和磷酸肌酸）分解供能及糖酵解供能，前者被称为非乳酸能，后者被称为乳酸能。以无氧代谢供能为主的运动称为无氧运动。

非乳酸供能是指运动开始时，所有能量都由 ATP 和磷酸肌酸（CP）供给的。ATP 和 CP 的分解不需要氧也不产生乳酸。CP 是由肌酸合成的高能磷酸化合物，存在于肌浆中，含量是 ATP 的数倍，CP 在酶的作用下可迅速分解，使 ADP（腺苷二磷酸）合成 ATP。非乳酸供能是短时间、大强度运动的主要供能方式。

乳酸供能是指由肌糖原或葡萄糖分解为乳酸时放出的能量，此能量由 ADP 接受，合成 ATP。乳酸供能产生乳酸，乳酸的积累可导致疲劳。乳酸供能是速度耐力等体能的基础。人们在从事时间较长、运动强度大的身体活动时，乳酸供能比例较大。

总而言之，以上两种代谢供能的方式紧密相连，不可分割，没有绝对明显的分界。另外，还有一种以有氧代谢、无氧代谢混合供能为主的运动形式，称为混合氧运动。总的来说，人体内乳酸浓度本质代表了运动强度，所以，我们可以以体内是否产生乳酸以及乳酸产生的多少来区分你是在进行有氧运动还是无氧运动。有氧运动时，乳酸产生很少，运动强度属于中等偏低；混合氧运动时，乳酸产生和清除保持动态平衡，强度属于中等偏高；无氧运动时，乳酸大量产生并在体内不断堆积，此时属于高强度运动。

人体在不同运动强度下，根据需氧量的不同，分为有氧代谢供能和无氧代谢供能两种供能方式，两者只是比例有所不同（图7）。例如，持续10 s以内的最大强度运动几乎完全依靠无氧代谢供能；在持续几十分钟甚至几小时的运动中，有氧代谢供能占主导地位；而在800 m跑中，有氧代谢供能和无氧代谢供能的比例相差不大。

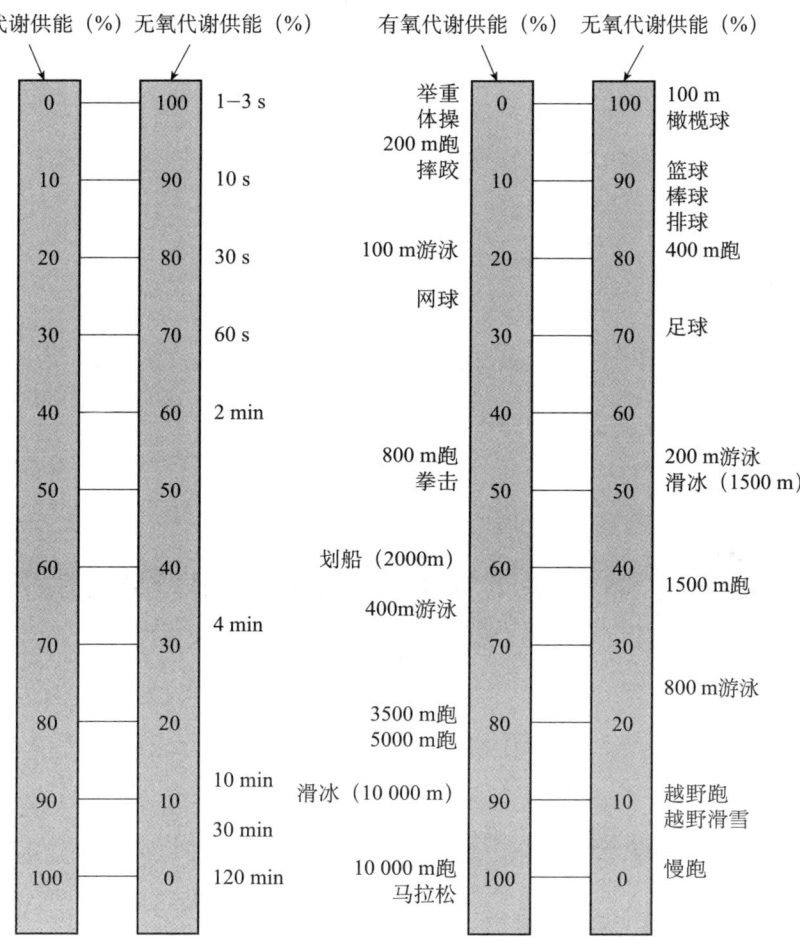

图7 不同时间和不同运动项目有氧代谢供能与无氧代谢供能的比例

资料来源：Powers S K，Dodd S L，Noland V J. 1999. Total Fitness and Wellness（2nd edition）. California: Benjamin-Cummings Publishing Company

三、心肺耐力

心肺耐力是指循环系统和呼吸系统对机体供应氧气满足人体持续活动的能力,是心肺功能的体现,反映有氧代谢供能能力。心肺耐力是健康体适能的五大要素之一,对机体的体质健康尤为重要。心肺耐力好的人之所以活动能力强,是因为能高效率地利用进入人体内的氧,这可以使他的运动保持的更持久,应付日常工作中的事情就变得更轻松;心肺耐力差的人,不但较容易患上心血管疾病,而且日常活动中还容易疲劳。有研究表明,个体从成年阶段开始,心脏泵血及身体摄取氧气的能力逐渐下降,每年下降速度为5%～15%,而持之以恒的心肺耐力锻炼可以有效地减缓下降进程。因此,青少年加强心肺耐力锻炼是非常必要的。

第二节 心肺功能测评的常用指标及其测试方法

一、脉搏与心率

1. 脉搏与心率的概念与意义

脉搏通常指动脉的搏动。

心率是指心脏每分钟跳动的次数,以次/min来表示。

测量心率最简易的方法是计算脉搏。正常人安静时心率是 60 ～ 100 次 /min。

人体在基础状态下的脉搏叫作基础脉搏。所谓基础状态，是指基本排除了能引起脉搏较大幅度变动的一些因素（如神经紧张、肌肉活动、食物及环境温度等）的情况，一般在早晨刚睡醒起床前的静卧及清醒状态、未进早餐前、室温保持在 18 ～ 25 ℃ 等条件下测量。基础脉搏可作为运动员或健身爱好者的长期观察指标。运动时及运动后的心率在评估有氧能力的多种测试中被广泛应用。

运动时心率的快慢与运动强度有关，运动强度越高，心率越快。相同运动负荷时，运动者的心率上升愈慢，提示运动者的心血管机能状况愈好。运动后心率恢复的速度和程度，可以衡量运动者对运动负荷的适应水平或身体机能状况。相同运动负荷后，心率恢复比其他人快，提示其对运动负荷的适应或机能状况比其他人好。

2. 心率的测试方法

采用的测量仪器包括秒表、听诊器、心率表、心率遥测仪及心电图机。

1）脉搏测量法：用手指触摸表浅动脉进行测量，常用的是桡动脉，其次有颞浅动脉、颈动脉等。安静时一般触摸桡动脉进行测量，正常脉搏计数 30 s，再将所测得数值乘 2 换算成心率（次 /min）；运动中或运动后的桡动脉搏动不明显，需要触摸颈动脉或颞浅动脉来进行测量，一般采用

10 s 的即刻脉搏测量，在运动后的恢复期内则可以测量 30 s 脉搏。

2）听诊器测量法：使用听诊器听诊心前区心脏的跳动次数。

3）心率表测量法：使用胸佩式或腕戴式心率表，连续测量心率。要准确测量安静心率，则需要测试前 1～2 h 内受试者不要进行剧烈的身体活动，并要静坐 5～10 min 或以上才能进行测试。

4）心电图法：心电图是临床上最常用的心率检测手段之一。它是利用心电图机从体表记录心脏每一心动周期所产生的电活动变化图形的技术。

3. 不同时间测试心率的评价与应用

1）基础心率：一般测晨脉。在正常情况下，心率越慢，表明心血管功能越强。在疲劳和病理状况下，基础心率会明显增高。

2）定量负荷心率：在同等运动负荷的情况下测量心率，心率升高较少越好。

3）次极限心率：如无氧阈心率、亚极限负荷测量，在相同心率下比较做功的大小或运动强度的大小，做功越大心肺功能越强。

4）最大心率（maximal heart rate，HRmax）：也称极限负荷心率，运动员可以达到 220 次/min 以上，耐受更大的运动强度。

5）运动后恢复心率：是指运动结束后恢复期间的心率，心率恢复快的人，说明其心血管功能强。

6）运动后即刻心率：在运动中，心率会随着运动时间和运动负荷的增加，尤其是运动强度的增加而加快。高强度的运动会使心率提高至安静时的 2.5～3 倍，而当人体停止运动后，心率会快速下降，逐渐恢复至安静时的心率。因此，运动后的即刻心率常用于监控运动强度。其测量方法主要有以下两种。

a）10 秒法。在运动停止后，立即测 10 s 的脉搏次数，换算成心率。因剧烈运动后，心跳极快并随着短暂休息快速下降，要准确地反映即刻心率，必须及时准确地进行测量。该方法的优点是在多种场景下都能快速自测，不受限于仪器，也可使用可穿戴设备进行测量；缺点是在运动后需要在 10 s 内测量动脉搏动次数，否则误差可能较大，只能得到大概范围的心率值。

b）30 次法。通过记录运动停止后即刻 30 次脉搏的时间，来计算运动后即刻心率。计算公式：运动后即刻心率 = 1800/ 运动后即刻 30 次脉搏所用时间。例如，某人运动停止后立即测量 30 次脉搏所用的时间为 11.5 s，代入公式计算运动后即刻心率为 157 次 /min。

7）立卧位心率差：立卧位心率差反映的是植物神经对心血管的调节能力。

测量方法：受试者仰卧位，待脉搏稳定后测量 1 min 脉搏，为卧位心率。受试者站立，待脉搏稳定后测量 1 min 脉搏，为立位心率。立卧位心率差＝立位心率－卧位心率，其差值越少表明心血管机能越好。

评价：6～11 次为良好，12～19 次为一般，20 次以上为差。

在日常生活中，也可以采用卧位和坐位脉搏血压的变化来评估心肺功能。例如，身体躺下时脉搏正常，30 s 内快速坐起，如果血压下降不到 10.5 mmHg，脉搏加快 10 次左右，提示心肺功能较好；血压下降超过 10.5 mmHg，脉搏加快 20 次以上，伴有呕吐、眩晕、恶心症状，提示心肺功能较差。

二、血压

血压是血液在血管内流动时对血管壁形成的侧压力。正常的血压是血液循环流动的前提，血压在多种因素调节下保持正常，从而向各组织器官提供足够的血量，以维持正常的新陈代谢。通常临床测量的血压是动脉血压。血压单位为毫米汞柱（mmHg）。血压是一项反映心血管机能状况的简易生理指标，《中国高血压防治指南（2018 年修订版）》给出了具体定义，（安静时）正常成人的血压范围是收缩压在 90～140 mmHg，舒张压在 60～90 mmHg，高于这个范围就有可能是高血压或临界高血压，低于这个范围就有可能是低血压。运动过程中的血压及运动后的血压变化在评估心血管系统的多种测试中应用十分广泛。大强度动力性运动后，收缩压上升和舒张压下降明显,且恢复较快,表明心血管机能良好。运动时脉压差增加的程度比平时减少,或出现梯形反应、无休止音及运动过程中收缩压突然下降达 20 mmHg 时,预示心血管机能不良。收缩压明显上升,舒张压亦上升或血压反应与强度刺激不一致,恢复时间延长等,说明心血管机能状态不佳。

测量仪器:立柱式水银血压计、医用听诊器、表盘式血压计、电子血压计等。

水银血压计:临床中较经典的血压测量用具,须经过专门培训的人员才能进行测量。我们通常测试静态血压,即人体在安静状态下或身体停止活动时的血压。与电子血压计相比,水银血压计更专业,但对操作人员的要求更高,如果操作不准确,会影响测量的准确性。

腕式电子血压计:腕式电子血压计测量的是桡动脉部位的血压值,但如果患者使用不得当,容易导致所测得的血压与实际血压有误差(图8)。与臂式电子血压计相比,准确性略差。

注意事项:

1)测量前安静休息片刻,以消除紧张、劳累对血压的影响;

2)袖带应与心脏在同一水平线;

3)袖带放置平展,松紧度以插入一指为宜;

4)一般连测 2～3 次即可,取其平均值作为本次血压的数据。

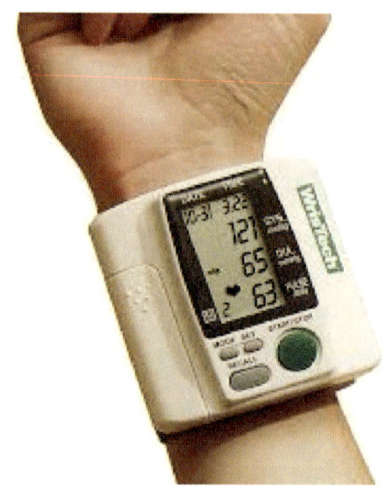

图 8　腕式电子血压计

臂式电子血压计：测量方法与传统水银血压计相近，测量的是肱动脉部位的血压，更接近医院的测量结果，因此测量准确性优于腕式血压计（图 9）。

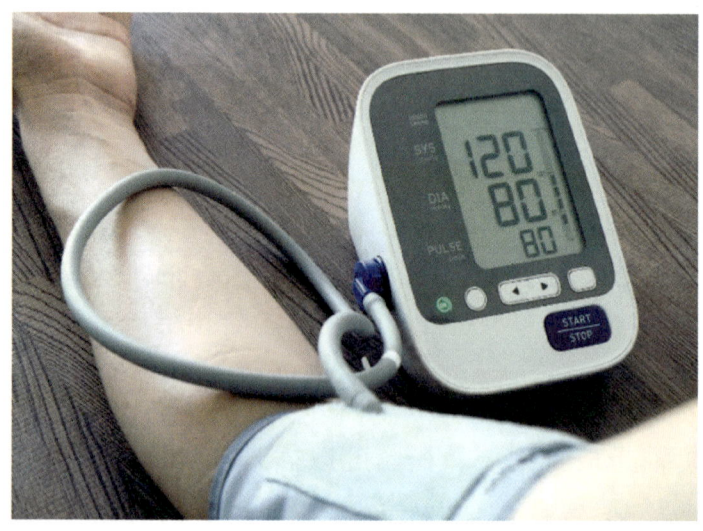

图 9　臂式电子血压计

注意事项：

1）测量前检查者应保持安静状态 5～10 min，将手臂穿入臂带并绑定，裸露手臂进行测量；

2）臂带捆绑力度应适中，以能放进一根手指为宜；

3）臂带中心与心脏处在同一高度；臂带下方距肘关节 1～2 cm；

4）测量时手掌放松，手掌向上；

5）测量过程中保持平静，身体放松，勿在测量过程中说话和移动身体。

三、肺活量

肺活量，指尽力吸气后，从肺内所能呼出的最大气量。肺活量能反映人体呼吸器官的发育状况、肺的容量和扩张能力（呼吸肌力量）。

测量用具：肺活量计、吹气嘴。

测量方法：如图 10 所示，测试人员将吹气嘴装在文氏管的进气口上，交给受试者。受试者呈站立姿，手握手柄，始终保持导压软管在文氏管上方。头部略向后仰，尽力深吸气直至不能再吸气为止，然后将嘴对准吹气嘴缓慢地呼气，直至不能再呼出为止。此时，仪器显示屏上显示的数值即为肺活量值。测试 2 次，测试人员记录最大值，以毫升为单位，不保留小数。一般在测试过程中，学生吸气强度不足、时间短是通病。测试人员应提醒学生吸气充分。

图 10　肺活量测试

注意事项：

1）测试应使用一次性吹嘴，避免交叉感染；

2）在测试前，测试人员应向受试者讲解测试要领，做示范演示，受试者可试吹 1 次；

3）在测试时，受试者呼气不可过猛，防止漏气，且必须保持导压软管在文氏管上方；

4）受试者在呼气过程中，不能再进行吸气；

5）测试人员要及时纠正受试者用鼻呼气的错误动作，如果无法纠正，可让受试者带上鼻夹或用手捏住鼻子，防止鼻呼气；

6）在下一次测试开始前，须按仪器按键，回到"0"位。

肺活量体重指数是人体自身的肺活量与体重的比值。在

学生的体质综合评价中有一定参考作用。计算公式：肺活量体重指数＝肺活量（mL）/体重（kg）

肺活量的大小与性别、年龄、身高、体重、胸围以及体育锻炼等因素有密切关系。我国正常成人男性肺活量为3500～4000 mL，女性为2500～3500 mL。我国学生的肺活量具体评价标准可参见本套丛书中《青少年身体素质的测试与评价》的附录表。

在日常生活中，我们也可以用一些简单的方法来测试心肺功能。例如，在距离自己约30 cm的位置安全点燃一根火柴或蜡烛等，用力吹一口气，如果可以把火焰熄灭，说明心肺功能比较好。

四、摄氧量及最大摄氧量

摄氧量指机体单位时间内利用氧的能力，一般用每分钟摄取氧的毫升数或毫摩尔数表示，可以用来评估能量消耗与基础代谢率。

最大摄氧量，通常指动力性运动中机体每分钟能够摄取并被细胞利用的氧的最大值，取决于心输出量和动静脉氧差。最大摄氧量的高低，与心肺的能力具有明显的关系。最大摄氧量被公认为是评估心肺耐力或有氧运动能力的主要指标，也可以用来评价身体机能状况或疲劳程度。当身体机能状况下降或过度疲劳时，最大摄氧量下降；当身体机能状况良好时，最大摄氧量比较稳定。

最大摄氧量的表示方法有绝对值和相对值两种。绝对值表示个体在单位时间（1 min）内所能吸取的最大氧量（单位：L/min）；而相对值则是按每千克体重计算的最大摄氧量[单位：mL/（kg·min）]。由于个体身高、体重等差异，我们通常采用最大摄氧量的相对值来表示最大摄氧量。

最大摄氧量的检测，大多数是采用递增负荷运动的方式进行测试的，即在人体逐渐增加负荷强度的运动中，采集每一运动阶段的摄氧量，直至疲劳。通常在疲劳衰竭的阶段，摄氧量会出现平台现象，即若在此阶段继续增加运动负荷，摄氧量会出现不再上升，甚至会有下降的现象，而此时的摄氧量即为该受试者的最大摄氧量。最大摄氧量平台持续时间，指的是递增负荷运动中维持最大摄氧量水平的持续时间，但多数受试者在极限强度下持续运动的时间不长，较难采集到平台持续时间。

最大摄氧量的测试过程也是有一定运动风险的，特别是对于体质差或有疾病的青少年以及年龄较大或患有疾病的人，因此需要在专业人士和专业设备环境中开展测试。

五、乳酸阈

前面章节中介绍了乳酸是在无氧或氧供应不足情况下糖酵解供能产生的。乳酸在肌肉中大量产生和积累后分泌到血液就叫血乳酸，它的积累会引起我们在大强度运动中产生比较难受的感觉，例如，随着跑步速度加快，出现明显呼吸急喘、腿脚也开始酸胀等。

体内血乳酸浓度本质代表了运动强度，我们可以以体内是否产生乳酸以及乳酸产生的多少来区分你是在进行有氧运动还是无氧运动。乳酸阈通常也称为无氧阈，反映的是人体的代谢供能方式由有氧代谢为主开始向无氧代谢为主过渡的临界点。此时因血乳酸急剧增加而出现乳酸浓度变大的拐点，此强度以下是有氧运动，此强度以上是无氧运动。例如，慢跑、轻松跑等就属于有氧运动，这种状态理论上可以维持很长时间。

乳酸阈是指血乳酸为 4～6 mmol/L 时所对应的运动强度。乳酸阈存在很大的个体差异，大部分人的乳酸阈位于 4 mmol/L，还有一些人位于 6 mmol/L，当运动强度超过该水平，血乳酸浓度就会急剧上升，即个体乳酸阈。目前也经常用个体乳酸阈来评估个人的有氧代谢能力，在运动员中使用较。此阈值越高表示其有氧工作能力越强，即在进行高负荷运动时，可以最大程度地利用有氧代谢，延迟疲劳。运动后血乳酸浓度的恢复速率还可以反映机体有氧代谢能力，恢复速度快则表明有氧代谢能力强。最大摄氧量受遗传的影响较大，而无氧阈可以通过后天的训练进行较大的提高。

第四章
心·肺功能评估的运动试验

第四章 心肺功能评估的运动试验

心肺运动试验是在运动状态下综合评价受试者器官系统整体功能的检测方法，能相对无创、客观地评价心肺功能和心肺耐力，是世界各国体质研究和健康体能评价系统中的重要内容之一，也是临床上特别是心血管疾病和呼吸系统疾病患者的人体呼吸和循环机能水平的检查项目，为医师诊断和评估相关疾病和健康状况提供了相应临床资料。

第一节 运动试验简介

一、运动试验评估心肺功能的原理

在相对安静的状态下，绝大多数人的心肺功能都能够适应安静状态时对机体的需要。但在体力负荷增加的情况下，心肺耐力的个体差异就可能明显地表现出来。因此，在运动试验中，给予受试者不同的运动负荷刺激，通过观察和采集持续运动的时间，以及运动过程中及运动后心率、血压、呼吸、摄氧量、心电图等信息，来评定心肺功能或心肺耐力。

运动试验能够综合评价运动状态下人体器官系统的整体功能反应。特别是随着电子计算机和传感器技术、呼吸气体监测技术、功率自行车及平板跑台等的发展应用，运动试验作为无创性评估心肺功能和心肺耐力的方法，是目前国际上使用最为普遍的衡量人体呼吸和循环机能水平的方法。运动试验广泛应用于临床诊断和治疗效果评估、运动员心肺耐力和体能评定及宇航员对太空环境适应能力的检测等，也逐渐广泛应用于个体化运动处方制订、人群体质健康状况评价、体育锻炼健身效果的科学评价等方面。

二、运动试验的种类

根据试验的条件和目的不同，运动试验有多种试验方案和种类。我们可以观察受试者完成定量负荷所需要的时间、运动中和运动后反映心肺功能的指标（最大心率、最大摄氧量、主观疲劳感等），也可以观察受试者在固定的运动时间内完成运动负荷量的大小及心肺机能的反应等。

基于以上原理，在日常生活中可以自我监测心肺功能。例如，原地跑。完成一定速度和时间的原地跑步，当脉搏升高到100次/min后马上停止原地跑，然后观察脉搏恢复的情况，越快恢复到安静状态提示心肺功能越好，反之较差。自己可以定期做这种简易测试，记录结果，通过比较多次测试中脉搏或血压恢复的情况来监测自身心肺功能变化的情况。也可以通过日常爬楼梯运动来监测心肺功能，如果可以匀速直接上一定数量的楼层（如3楼），不会出现胸闷、气短现象，说明心肺功能较好，也可通过测试脉搏变化情况来评估心肺功能水平。同样的道理，不同人群可以根据自己身边实际的情况和条件，通过不同距离的走、跑、跳绳等运动试验观察脉搏的变化情况来监测心肺功能水平。当然，除了以上自我监测心肺功能的简易方法，我们还有更可靠和相对更准确的测评方法。

关于运动试验方案，基于不同的依据可以对运动试验进行不同的分类。例如，按照运动器械分类，可以分为台阶试验、功率自行车、跑台平板运动等；按照测试环境不同，可以分为实验室测试和运动场地测试；按照运动形式不同，可分为连续运动和间歇运动；按运动试验中设计的运动量不同，可分为极量运动和亚极量运动；按运动负荷强度改变方式的不同，可分为固定负荷试验和递增负荷试验。下面简介按运动试验中设计的运动量和运动负荷强度改变方式的分类。

（一）按运动量分为极量运动试验和亚极量运动试验

（1）极量运动试验

逐级增加运动量和氧耗量，达到高水平运动量时，氧耗量也达到最大，继续增加运动量，氧耗量不再增加，此时的运动量称为极量运动。临床上通常不直接测量氧耗量，当受试者达到精疲力竭时，可以认为已达到极量运动，此时的心率应达到该年龄组的最大平均值。此法适用于运动员及健康的青年人，以测定受试者个体最大做功能力、最大心率及最大摄氧量。在极量运动试验中，达到的最大功率、最大心率、最大摄氧量越大而心电图监测（或加上血压）未见异常者，其心肺功能就越好。

（2）亚极量运动试验

亚极量运动量相当于极量运动试验的85%，如氧耗量达到最大氧耗量的85%。临床上多以心率为准，当运动心率达到最大心率的85%时为亚极量运动，此时的心率为目标心率。年轻人的目标心率计算公式如下：

$$目标心率 = （220-年龄）\times 85\%$$

此法比较安全方便，可用来诊断隐性冠心病及测查耐力性运动和体力活动的耐受能力，应用十分广泛。

（二）按运动负荷改变方式分为固定负荷运动试验和递增负荷运动试验

（1）固定负荷运动试验

在运动试验过程中，负荷的强度、时间、距离等因素有一个或多个是固定不变的。例如，400 m折返跑，固定的是测试距离；12 min跑，固定的是测试时间。这类测试主要是在固定负荷强度或测试时间长短等因素下观察机体的运动能力和心肺系统对运动的反应。

（2）递增负荷运动试验

在运动的过程中逐级增加负荷的强度，直到受试者达到了自身的最大强度能力时结束。例如，1971年提出的Bruce跑台方案是一种经典的、广泛使用的递增负荷运动试验方

第四章　心肺功能评估的运动试验

案，通过增加跑台的坡度和（或）速度来递增每个级别的运动负荷，每个级别的负荷运动持续 3 min，在递增负荷运动中实时监测受试者的心率、血压、心电图等生理信息，对应相关标准来判断心肺功能水平。

三、运动试验注意事项

为了保障受试者的安全，在进行运动试验前要做好受试者健康状况的筛查工作，同时在测试过程中要做好监测，特别是递增负荷运动试验和极量运动试验，它们都属于最大强度试验，试验中有潜在的运动风险。因此需要配备专业人员和适宜试验环境来进行操作，以下是标准认可的运动试验注意事项。

1）运动试验前必须根据临床检查结果判断受试者能否进行运动试验，排除运动禁忌症，如心脏疾病（包括心律失常、心绞痛、心肌炎）、高血压和传染病等。

2）试验当天如果受试者身体健康状况不良，如感冒、腹泻、疲劳、精神紧张等，应延期进行运动试验。

3）避免空腹或饱餐后进行运动试验，试验前 2 h 内禁止吸烟、饮酒。

4）试验前停止服用一切会影响试验结果的药物，如含有咖啡因、麻黄素、普萘洛尔等的药物。

5）对不经常参加锻炼的受试者，进行运动试验时要特别注意监护。

6）试验前应向受试者交代试验过程以及注意事项，还要预先做好必要的急救准备，一旦事故发生应有相应对策。

7）确保运动试验中的安全性。如受试者出现面色苍白或发绀、高度呼吸困难、胸闷、脚疼或有外伤时；比较安静时的心电图与运动中的心电图，若出现 ST 段下降、心律失常等现象以及运动中血压超过 250 mmHg 时都要中止试验。另外，运动中增加负荷时受试者出现血压下降的现象，则表明心脏衰弱，应立即中止试验。

第二节 经典的心肺功能运动试验

目前，常用的评定心肺功能的动态试验方法有：列杜诺夫联合机能试验、哈佛台阶试验、功率自行车试验和平板（跑台）运动试验。这些运动试验主要是通过推算最大摄氧量来间接评价心肺整体功能，如果额外配置了气体代谢分析仪，可以直接测试机体同气体的代谢变化。

一、台阶试验

台阶试验是一项定量负荷机能实验，主要通过测定定量负荷持续运动的时间与恢复期的脉搏跳动次数的比值得出台阶试验指数，并以此来评定人体心肺功能水平。台阶试验指数值越大，反映心血管系统的机能水平越高，反之亦然。其测试过程易于操作且测试的成本较低,被广泛使用。哈佛台阶试验是最早的台阶试验。另外,考虑到此试验各受试者的身高、腿长、体重、静态心率等因素的影响,有研究者从台阶的高度以及台阶试验的运动时间对台阶试验进行了不同形式的改良,以适应不同人群的测试。

测试设备:男生用高 40 cm 的台阶(或凳子)、女生用高 35 cm 的台阶(或凳子),节拍器,秒表,心率表或自测心率。

测试方法:

1)测验前让受试者做轻度的准备活动,主要是活动下肢关节。上、下台阶的频率是 30 次 /min,因而节拍器的节律为 120 次 /min(每上、下一次是四动)。受试者按节拍器的节律完成试验。

2)受试者从预备姿势开始,一只脚踏在台阶上,踏台腿伸直成台上站立,先踏台的脚先下地,还原成预备姿势。用 2 s 上、下一次的速度(按节拍器的节律来做)连续做 3 min。

运动完成后,立刻坐在椅子上测量运动结束后的 1 ~ 1.5 min、2 ~ 2.5 min、3 ~ 3.5 min 的 3 次脉搏数。用下列公式求得评分指数,计算结果包含有小数的,对小数点后的 1 位四舍五入取整进行评分。

$$台阶试验指数 = \frac{踏台上下运动的持续时间(s) \times 100}{2 \times (3 次测定脉搏的和)}$$

经常参加有氧代谢运动，可以提高心血管系统的机能水平，其表现为在完成台阶试验定量负荷工作时，脉搏搏动次数下降，在试验结束后脉搏的搏动次数恢复到安静状态所用的时间缩短，台阶试验指数增高。这对运动员特别是以有氧运动为主的运动项目运动员以及青少年心肺功能和体质健康的评估很有意义。

二、功率自行车试验

功率自行车试验指受试者在有功率计功能的自行车上按设定的踏车方式进行运动，观察心血管系统对运动的反应，并以此来评估心肺功能水平。目前功率自行车包括机械型踏车和电子型踏车两种，但普遍应用的是电子型踏车（图11）。功率增加的方式有阶梯式递增和斜坡式递增两种。踏车的功率单位为瓦（W），转速维持40～70圈/min。在限定踏车速度为40～80圈/min时，运动功率可被准确测量出（1 W=6 KPM，KPM即千磅米/min）。用功率自行车评价心肺功能能力的方案有很多，如功率车指数法、PWC170机能试验、YMCA法、FOX法及次大强度功率车测试等，这些测试方法都能测评心肺功能的做功能力，单位时间做功越大，提示心肺功能越强。测试设备主要有：功率自行车，秒表，心率表，还可加选心电图和血压监测器等。测试过程通常包括3个阶段：热身阶段，采用3 min无功率负荷或低功率负荷；运动阶段，按一定速度阶梯式递增直到运动终止；恢复阶段。

第四章 心肺功能评估的运动试验   61

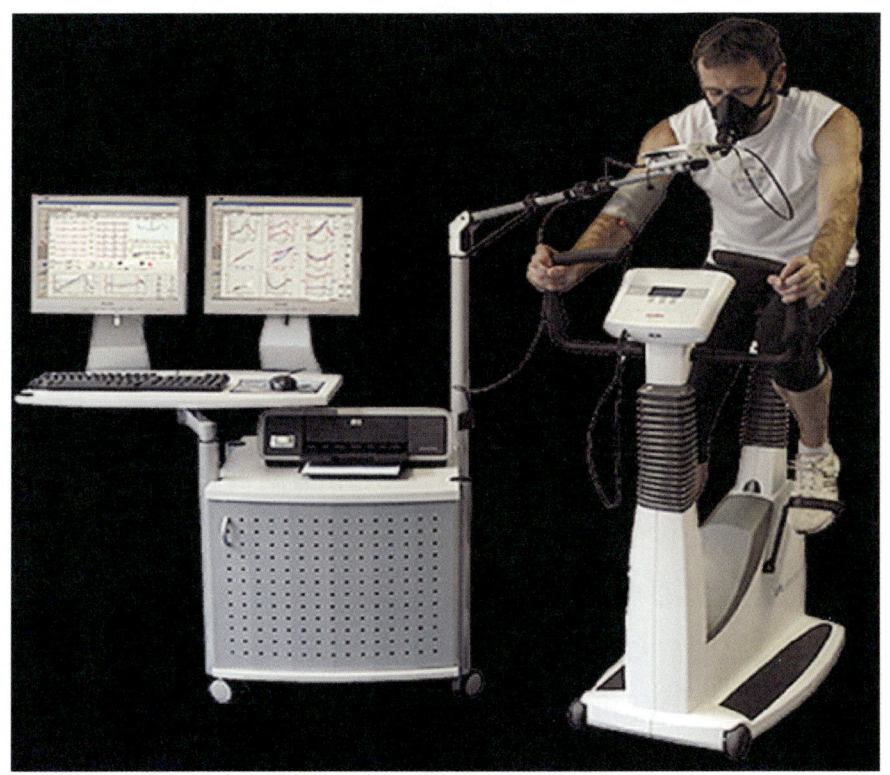

图 11　电子型功率自行车试验

（一）功率车指数

测试方法：

完成 2～3 min 无功率负荷或低功率负荷热身后，按 25 W/2～3 min 的速度阶梯式递增直到运动终止，然后进行短暂的无功率负荷或低功率负荷恢复。脉搏的测试方法与台阶试验相同，即测试和记录在恢复阶段里 1～1.5 min、2～2.5 min、3～3.5 min 的 3 次脉搏数（分别为 HR1、HR2、HR3），采用以下公式计算：

$$功率车指数 = \frac{运动负荷持续时间（s）\times 100}{2（HR1+HR2+HR3）}$$

$$= \frac{180 \times 100}{2（HR1+HR2+HR3）} = \frac{9000}{（HR1+HR2+HR3）}$$

（二）PWC170 机能试验

PWC170 法是一种定量负荷试验，指的是当受试者心率在运动中稳定的状态下达到了 170 次 /min 时身体所做的功率，以此来评价身体的机能能力。其原理是：当功率和心率形成稳定的线性关系时，人体心率为 100～180 次 /min，同时此时也有大肌肉群参与运动。所以，当心率达到 170 次 /min 时，做功越多提示身体机能能力和心肺功能越强。

（三）YMCA[①] 自行车测试法

YMCA 自行车测试法主要采用功率自行车转速以 50 圈 /min 进行，它是美国运动医学学会《ACSM 运动测试与运动处方指南》推荐评定最大摄氧量的方案，但相对较复杂。YMCA 自行车测试法包括以下步骤。

第一步：每级运动 3 min，记录第一级负荷最后 1 min

---

① YMCA 是基督教青年会（Young Men's Christian Association）的缩写，《YMCA 健康测试与评估手册》中列举了多种简单有效的测试方法，如 YMCA 自行车测试、YMCA 卧推测试、YMCA 台阶测试、YMCA 坐位体前屈测试等。

的心率以确定下一级的负荷强度。

第二步：推测受试者尽最大努力达到的最大负荷。以每一级的负荷大小值作为 X 轴，每一级负荷运动的最后 1 min 的心率值为 Y 轴，将每一级稳定状态最后 1 min 的心率与对应的功率相连接，各点连接成一条直线用其延长线判断年龄预测最大心率（220－年龄），用 X 轴垂直线判断受试者尽最大努力能达到的最大负荷功率大小。

第三步：根据推测的最大负荷功率用公式算出预测的最大摄氧量。

最大摄氧量 = 7.0 +（1.8×功率）/ 体重（kg）

另外，1973 年 FOX 就提出 FOX 测试方案，要求受试者在功率自行车上以 150 W 的功率进行一次 5 min 的运动负荷并记录第 5 min 的心率，得出：最大摄氧量 = 6300 － 19.26× 亚极量心率。如果受试者坚持不了 5 min 则按最后 1 min 的心率记录。

三、平板（跑台）运动试验

平板（跑台）运动试验中，受试者在跑台上按一定运动方案进行运动，观察心血管系统对运动刺激的反应来评估心肺功能水平。运动方案包括极量负荷方式和亚极量负荷方式，通过改变坡度和速度来设定每个阶段的负荷强度。

Bruce 跑台方案是经典的平板运动试验之一，即让受试者在活动平板上行走，每 3 min 增加一级负荷（包括坡度和速度），共分七级，运动中不休息，直至达到终止标准。运动中连续用心电图进行检测，也可以结合人体呼吸气体代谢监测仪比较准确地测量受试者在递增运动负荷过程中的气体代谢情况，从而测量出最大摄氧量（图12）。

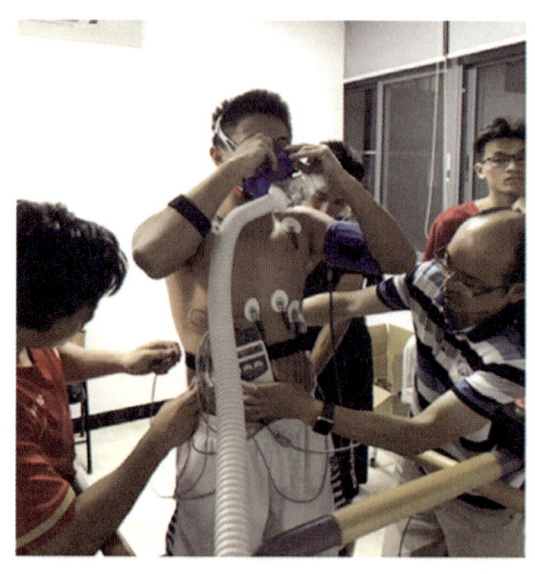

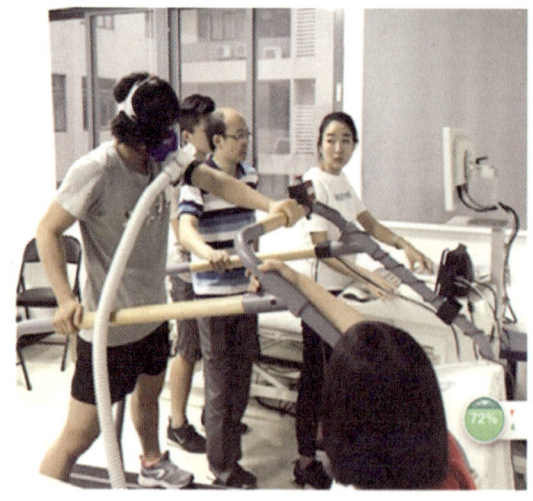

图12　平板（跑台）运动试验

该测试的优点：运动方式自然，较接近日常活动的生理特点；运动过程中动员较多的肌肉，获得的摄氧量和心率水平也较高，通过运动中心率及运动时间推测最大摄氧量；诊断的敏感性和特异性较高，可供青少年测试；在实验中连续用心电图监测，提高了安全性。

该测试的缺点：噪声大；价格较贵；占地面积较大；运动强度较大时，不易测定生理指标；在运动中要加强保护等。

四、场地测试

场地测试是一种相对固定负荷的运动，在固定的距离和时间内行走或者跑动，其测试的设备比较简便，且是大批量人群可以同时进行运动的测试，在学校青少年心肺功能和体质监测中较多使用。其缺点是由于测试环境以及受试者移动的影响，在测试中不便监控血压、心电图等信息，并且在测试过程中，受试者容易受天气、情绪等因素的影响。

国内外比较广泛使用的场地测试是 20 m 往返跑、50 m×8 往返跑、1000 m 跑、800 m 跑、400 m 跑、6 min 步行试验和 12 min 步行试验等。其中 6 min 步行试验和 12 min 步行试验是大众使用较多的运动试验，指特定的时间内测定受试者可步行的距离，受试者可以是不适宜平板或者功率自行车运动、严重虚弱患者，步行测试结果与身体机能状况、最大运动试验测得的摄氧量相关，可用来评价心肺功能中度至严重受损患者的心肺耐力水平。

中小学校通常采用 50 m × 8 往返跑进行心肺功能监测。测试前，应在平坦地面（地质不限）上画长 50 m、宽 1.22 m 的直线跑道若干条，设一端为起终点线，另一端为折返线；在距起终点线和折返线 0.5 m 处的跑道中央，各设立高度为 1.2 m 的标杆。发令员站在起终点线侧面发令，在受试者起跑的同时，开表计时。测试时两人以上一组，采用站立式起跑，当听到起跑信号后，立即起跑，全力跑向折返线。往返四次，每次须按逆时针方向绕杆，记录 50 m × 8 往返跑的总时间。通常使用智能往返跑测试仪，此时需将测试传感器摆放到测试场地的起终点线上。受试者在起点做好准备后，按下按键，计时开始；按测试要求的往返次数完成测试，此时显示屏即显示完成往返跑的时间和次数。

第五章
青少年心肺功能锻炼的原则与运动处方

第五章 青少年心肺功能锻炼的原则与运动处方

科学运动促进健康。基于青少年心肺功能的生长发育特征开展科学的心肺功能锻炼，坚持全面性原则、安全性原则、可行性原则、针对性原则及增强心肺耐力的 FITT 原则等，通过个性化的运动处方，即以个体的健康状况、身体素质、体力情况以及运动目的为处方的形式来制定适宜的运动方案，来实现最佳心肺功能锻炼的健康效益。

第一节 青少年心肺功能锻炼的原则

青少年时期也是人体各项素质高速发展的时期，应在这个期间鼓励青少年走出室内，多多参与体育锻炼，打好健康基础。此时的体育锻炼安排应科学合理，少了达不到理想的效果，多了有害于青少年身体发育，甚至挫伤青少年锻炼身体的意愿。应根据青少年的生长发育特点，遵循科学锻炼原则，安排合理的训练手段，加强青少年体育锻炼，增强青少年体质健康。

一、全面性原则

人的身体是一个整体，各系统的功能相互联系、相互影响和相互促进，要达到身心的和谐发展和全面健康，就必须全面发展身体各部位、各器官系统的机能，发展基本活动能力和各种身体素质。体育锻炼坚持全面性原则，指在体育健身活动中要使身体各部位都参与运动，使各器官系统的机能水平普遍得到提高，既要提高心肺功能和免疫能力，又要提高肌肉力量、柔韧等身体素质，这对青少年来说尤其重要。通过系统科学的体育锻炼，并结合合理营养和良好生活方式，全面促进青少年的成长。

青少年运动锻炼的全面性原则主要包含两方面的内容：

第一，制定和实施的锻炼方案有助于青少年身体各部分（如头部、躯干部、四肢及大小肌群）、各器官系统（如心血管、肺、神经、胃肠等）功能、多项身体素质（速度、力量、耐力、柔韧、灵敏、协调及平衡能力）以及人体各种基本活动（走、跑、跳、投、攀爬等）能力都能得到有效的发展。如果仅侧重于大肌群的活动或局部肢体某一部分的发展，会对处于青春期青少年的全面发展带来不良的影响。

第二，选择的运动锻炼方法、手段应全面且多样，同时结合营养、生活方式等因素综合发展青少年体质健康。应既有徒手练习又有器械健身手段，既有陆上健身方式又有水中健身方式，可以根据实际环境和条件来完成锻炼目标。青少年正处于身体快速发育时期，更需注意全面锻炼。全面、多样的运动锻炼方法与手段对青少年身体若干系统同时产生影响，才能使青少年身体形态、身体机能、运动素质等都得到全面、健康的发展，不应单凭兴趣去参加某一种活动而违背全面性原则。全面性原则的一个重要方面就是青少年通过专门的体育锻炼和增加日常的身体活动去达到锻炼目标，最终形成良好的生活方式，从而使身心健康发展。

第五章 青少年心肺功能锻炼的原则与运动处方

二、安全性原则

安全性原则，是要求锻炼者在体育锻炼的过程中要注意保护自己，做到安全第一。如果在体育锻炼中选用的方法不合理，锻炼手段运用不恰当，违背科学规律，就有可能出现安全问题和伤害事故，这就违背了健康体育锻炼的目标。为了更好地贯彻安全性原则，青少年在进行体育锻炼时应做到以下几方面。

（一）在制定和实施锻炼方案时充分考虑到安全性

选择锻炼方法与手段时要符合青少年的年龄特点和生长发育规律，量力而行，科学合理。例如，有些锻炼方法、手段对提高身体素质有较好效果，如运用负重器械的力量练习发展青少年力量素质，但该阶段青少年骨的发育尚未完全成熟，此类练习若过多或负荷强度过大，容易造成脊柱弯曲、骨盆和腿型畸形等，也会使骨化过程过早完成，影响骨的正常发育。青少年在进行心肺功能锻炼时，也不能违反循序渐进和可行性原则，在青春期早、中期应科学地选用和合理安排负荷量与负荷强度，学会自我监测运动强度的方法，抓住青少年身体各项素质发展敏感期的有利时期，科学、有效地运用练习手段，增强体质，健康成长。另外在实施锻炼方案时务必注意锻炼环境的安全和器械使用的安全。

（二）在正确运用锻炼方法的前提下，安全性原则要求青少年在锻炼过程中具有安全意识和采取必要的自我安全保护措施

1）穿着轻便合体的服装和鞋子，不携带容易刺伤身体的物品，如钢笔、别针、钥匙等。

2）不要盲目参加超过自身能力的活动，应通过力所能及的体育活动来锻炼身体。

3）如果使用体育器材，运动前要做好安全检查。

4）在进行跑步、健美操等体育锻炼时，最好不要在沥青马路和水泥地面上进行，以防出现各种劳损的症状。

5）对于不熟悉的水域，不要随便入水或潜水，以免发生意外；在公共游泳场所进行游泳时，要注意公共卫生，服从工作人员的管理。

6）在有条件的情况下，请体育教师或运动医学专家根据自身的体质健康状况制定运动处方，以此来指导自己有目的、有计划地进行安全、科学的锻炼。

7）在制订或实施自己的锻炼计划前，一定要体检，经过医生的认可。如果自己患有某种疾病或有家族遗传病史，需要找医生咨询，在有医务监督的情况下按照医生和体育教师的建议进行锻炼。

8）每次锻炼前必须做好充分的准备活动，克服内脏器官的生理惰性和肌肉的黏滞性，防止出现肌肉拉伤、关节扭伤和韧带撕裂等运动损伤。

9）在锻炼过程中不宜大量饮水，以免加重心脏的负担或引起身体及肠胃的不适。运动后也不宜立即洗冷水澡。

10）在进行激烈的对抗性运动时，要注意动作要领，做好自我保护，在整个练习过程中不要打闹或开玩笑。

11）要学习规范的运动技能和技巧，不规范的技术动作是违反人体解剖结构和生理特点的，不符合运动时的生物力学原理，容易发生运动损伤。

12）每次锻炼后，要注意做好整理、放松活动，这样有利于身体的恢复，以便迅速投入后续的学习活动中。

13）饭后、饥饿或疲劳时应暂缓锻炼，疾病初愈时也不宜进行较大强度的锻炼。

14）患有急性疾病如感冒、急性支气管炎时不宜做高强度的运动，否则会加重病情。

三、可行性原则

在制定和实施锻炼方案时要遵行可行性原则，根据青少年的生长发育水平、体质健康状况、周围环境状况等开展体育锻炼。

青少年在选择锻炼方法时，首先要考虑该方法、手段操作的可行性。许多锻炼方法的效果很好，在青少年时期进行有针对性的选用及练习，会取得很好的锻炼效果，同时还能培养青少年的运动兴趣。例如，女生绝对力量增长的快速期是10～13岁年龄段，绝对力量可增长46%左右；男生绝对力量增长快速期与性成熟期（12～16岁）吻合，平均增长57.5%左右。在此年龄段运用体育器械进行局部或全身力量练习，会达到事半功倍的效果。运用水中练习方法也可缓解下肢或腰部受伤的负担等，若受到健身环境、锻炼时间及其他因素的制约而无法经常在水中练习时，也可以选用一些其他健身方法替代，如哑铃、拉力器、俯卧撑、瑜伽、垫上（地上或床上）静力练习等，也能获得较好的锻炼效果。

其次，在实施体育锻炼方案时应考虑练习时间和环境的可行性。在相对集中的整个时间里，可选用一些借助器械的健身锻炼方法，在零散的时间里（如课间、饭前）选择一些徒手的健身练习方法（如原地单足平衡练习、原地颠球练习等）。

四、针对性原则

针对性原则是指青少年在进行健身锻炼时，要根据自身的体质健康状况（如体质较弱、运动能力较差、身体素质不均衡等）、生长发育阶段、身体机能和身体素质的敏感发展期、体育锻炼的目的、锻炼所处的环境及个人需求等，选择针对性较强的锻炼方案和手段，不要盲目跟从，以达到事半功倍的效果。为了更好地贯彻针对性原则，青少年在进行锻炼之前，需要对自己的体质状况和运动能力进行全面的测量与评估，在全面了解的基础上，选择自己适宜的锻炼方法。例如，学生心肺功能较差，跑的能力不强，那么他就可以针对自身的弱点，在锻炼中选择能够锻炼心肺功能，提高跑的能力的各种练习方法，这也正与"运动处方"的原则一致，与安全性原则相吻合，同时又与全面性原则互补。

针对性原则在青少年运动员训练中尤为重要。在运动员训练金字塔中，通常身体素质的渐进性发展是从培养良好的有氧能力基础开始的。长距离跑、超长距离跑等耐力性训练常用于提高运动员的有氧代谢供能系统的能力，以为进行更高强度的有氧训练和节奏训练即向金字塔上游移动打好基础。当身体已经逐渐建立了有氧能力和力量素质的坚实基础，则可以加入提升乳酸阈值和最大用力程度的训练内容。

五、增强心肺耐力的 FITT 原则

我们要清楚，增加日常体力活动，减少久坐行为，同时通过系统和科学的方案或运动处方，才能提高心肺耐力和体质健康。要想达到心肺耐力锻炼的良好效果，必须遵循的 FITT 原则主要体现在以下几方面。

F（frequency）：锻炼频率，建议每周 3～5 次，在适当强度下可以每天进行。对于久坐的人，建议从一周 1～2 次开始，每次锻炼之间要间隔几天休息，在身体适应和

改善后再逐渐增加锻炼频率，直至能完成每周 3～5 次的目标。

I（intensity）：运动强度，通常是最大心率的 60%～80% 的强度，这种最佳心率反应的锻炼区间，取决于个体自身的心率。高于这个锻炼区间，很可能增加运动中的损伤风险；低于这个锻炼区间，可能达不到心肺功能改善的最大效果。能坚持稍低于此强度范围（如最大心率的 50%～60%）的运动会有利于改善心肺功能，具体要根据个人实际情况调整。

T（time）：每次锻炼持续的时间建议为 20～40 min，最好达到 60 min，这种较长时间的有氧运动对心肺功能改善和肥胖青少年减肥有良好效果。但在锻炼初期要循序渐进地增加运动时间和强度，以达到目标。

T（tool）：大肌群有氧运动。选择能使全身大肌群参与工作、周期性、中低强度、能坚持较长时间的运动，如步行、慢跑、骑自行车、上下台阶、登山、游泳和非竞赛性球类活动等。

总之，在开展心肺功能锻炼时，要全面遵循以上原则才能更好地保障良好的锻炼效果。对于久坐、体质相对较弱、肥胖等青少年群体，应在征询医生或其他专业人士的建议下，逐步增加锻炼频率、运动强度和时间，给予身体适应的过程，最终养成坚持锻炼的习惯，达到增强体质健康的目标。

第二节　青少年心肺功能锻炼的运动处方

一、运动处方的概念

运动处方就像医药处方一样，是根据个体的健康状况、身体素质、体力情况以及运动目的，通过处方的形式来制定适宜的运动方案，以实现最佳健康效益。20世纪50年代，美国生理学家卡波维奇通过研究指出，人们在身体锻炼时应对运动项目、内容、方法有科学的选择，才能取得良好的锻炼效果，并最先提出了"运动处方"这个概念。1969年世界卫生组织（WHO）采用运动处方这个名词，从而使其在国际上得到广泛应用。至今，个性化运动处方已经广泛应用到临床运动康复和全民健身中，它遵循体育锻炼原则，涉及运动处方的科学制定、实施过程、效果反馈以及运动档案跟踪等系统的环节和过程，包括运动目标、运动方式、运动强度、运动时间、运动频率、注意事项等基本要素。

二、运动处方的基本要素

（一）运动目标

在制定运动处方时，首先要全面评价个体的体质健康和疾病状况，评估潜在的运动风险，从而确定个性化的运动处方目标，大致包括疾病康复、保健及体质健康促进等目标，而体质健康促进又细分为强身健体、提高心肺功能、减控体重、调节心理状态、增加肌肉力量、提高柔韧性及平衡能力等。所以，明确运动目标对于制定运动处方非常重要。

（二）运动方式

依据运动过程代谢的特点，运动项目可以分为有氧运动、无氧运动及混合性运动。现代运动处方中的运动方式大致包括三类：①有氧耐力运动项目，如步行、慢跑、速度游戏、游泳、骑自行车、滑冰、越野滑雪、划船、跳绳、上楼梯及功率自行车、跑台运动等；②伸展运动及健身操，如广播体操、气功、武术、舞蹈及各类医疗体操和矫正体操等；③力量性锻炼，如自由负重练习等。

在制定运动处方中的运动方式或内容时，应考虑以下几方面因素，如运动锻炼者的康复或健身的主要目的、临床检查和功能检查的体质健康状况、运动经历和兴趣、运动项目爱好和特长、运动锻炼的环境和条件、是否有同伴或锻炼指导者等。

（三）运动强度

运动处方的运动强度应符合安全性、针对性等原则，是运动处方中最重要的一个因素，是个性化运动处方中定

第五章 青少年心肺功能锻炼的原则与运动处方

量化与科学化的关键点。在设计运动强度时应考虑多方面因素，例如，康复或健身的目的，临床检查和功能检查的体质健康状况，运动试验及运动能力评估结果，所选择的运动方式或内容，锻炼者的年龄、性别、运动经历等。

评定运动强度主要有以下几种指标。

1) 心率：与运动强度存在线性关系，通常用以下方法评定运动强度。

①占最大心率的百分比。最大心率=220－年龄。

②占最大心率储备的百分比。最大心率储备＝最大心率－静态心率。

③卡沃南提出了测靶心率的方法。靶心率＝（最大心率－静态心率）×（0.6～0.8）+静态心率。其中，0.6～0.8为适宜强度系数，即60%～80%最大心率储备，在此强度范围内能更加有效地提高心肺耐力水平。

2) 代谢当量：又叫梅脱（MET），即单位时间内运动时能量消耗与安静时能量消耗的比值。能量消耗一般以摄氧量来表示。成年人安静时的摄氧量一般是 3.5 mL/（kg·min）。

3) 主观体力感觉等级（rating of perceived exertion，RPE）。RPE 是指人在进行激烈运动时，个体对自身疲劳度的整体感受做出的主观性评价。1970年9月，博洛首次提出用6～20级主观体力感觉等级来评价用力强度（表1）。后来研究发现，RPE 与主观运动用力感觉、工作负荷相对强度、最大心率储备百分数、每分通气量和吸氧量、甚至和血乳酸水平高度相关。博洛推算并认为,心率 =RPE×10。

表1 主观体力感觉等级表

RPE	主观运动感觉	相对强度(%)	相应心率(次/min)
6	安静	0.0	
7	非常轻松	7.1	70
8		14.3	
9	很轻松	21.4	90
10		28.6	
11	轻松	35.7	110
12		42.9	
13	有些吃力	50.0	130
14		57.2	
15	吃力	64.3	150
16		71.5	
17	很吃力	78.6	170
18		85.8	
19	非常吃力	95.0	190
20		100.0	200

4)最大摄氧量储备百分比。最大摄氧量储备 = 最大摄氧量 - 静息摄氧量,这个指标能比较准确地反映运动强度,但是对测试仪器设备有一定要求。

第五章 青少年心肺功能锻炼的原则与运动处方

最大心率、最大摄氧量、主观体力感觉等级等三者之间也存在对应关系。以 20～60 min 的耐力活动为依据，比较这三种方法对运动强度分类的对应关系见表 2。

表 2 最大心率、最大摄氧量、主观体力感觉等级判别运动强度分类的对应关系

相对强度		主观体力感觉等级	运动强度
最大心率	最大摄氧量或最大心率储备		
小于 35%	小于 30%	小于 9	很轻
35%～59%	30%～49%	10～11	轻
60%～79%	50%～74%	12～13	中等
80%～89%	75%～84%	14～16	重
大于等于 90%	大于等于 85%	大于 16	很重

（四）运动时间

运动时间或运动持续时间，通常是指除了必要的准备与整理活动外，每次运动持续的时间。运动的持续时间与运动强度成反比，运动强度高，持续时间可相应缩短；运动强度低，则运动时间可相应延长。在运动处方制定的过程中，应依据运动目的、运动强度以及锻炼者的年龄和身体条件等来设定能够使机体产生最佳锻炼效果的运动持续时间。

不同的运动时间与运动强度的组合决定了运动量的大

小。对于体力及身体机能较差的锻炼者，应从低强度运动开始锻炼，逐渐增加运动强度和运动时间。例如，在运动的第 1 周进行小强度或中等强度的运动，一次运动时间为 20～30 min。运动 2 周后若运动反应正常，且没有疲劳现象，那么一次运动的时间可依据运动处方的要求逐渐增加。对于体力较好、有运动经历的锻炼者，则开始时可选择较大的运动强度，但运动量也应由小到大（表 3）。

表 3　运动时间与运动强度的搭配关系

运动量	运动时间（min）				
	5	10	15	30	60
	运动强度（最大摄氧量百分比）（%）				
小	70	65	60	50	40
中	80	75	70	60	50
大	90	85	80	70	60

（五）运动频率

运动频率是指每周锻炼的次数。运动锻炼所获得的效果遵循生理学"刺激—反应—适应"原理。每一次的运动负荷对身体都是一次刺激，能够引起机体产生一定的反应，而多次适宜刺激可以使机体产生良性反应并逐渐积累，使机体产生适应，这是一个从量到质的变化过程。运动的频率过大或过小都不可能取得好的锻炼效果。如果两次运动间隔过长，在前一次锻炼使机体产生的良性效应消退后才进行下一次的锻炼，那么前一次锻炼所获得的效果就不能积累；如果两次运动间隔过短，前一次锻炼产生的疲劳尚未消除就紧接着进行下一次锻炼，则会造成疲劳的积累，长期下去还易造成过度疲劳。因此要取得好的锻炼效果，就要合理安排每周的锻炼次数并持之以恒；合理确定每周的运动频率时，应该根据个体的运动目的以及身体情况的不同区别对待。

（六）注意事项

在按照运动处方进行锻炼时，安全性是首要原则。其他主要的注意事项包括：在从事锻炼之前要进行医学检查，以确定身体是否能够从事相关运动；根据锻炼的特点选择锻炼项目；锻炼要因人而异；要做好准备活动和整理活动。

三、心肺功能锻炼的三个环节

在运动处方的实施过程中，每一次心肺功能锻炼都应包括三个环节，即准备活动、核心环节和整理活动。

（一）心肺功能锻炼的准备活动

准备活动的主要作用包括：准备活动使身体逐渐从安静状态进入到工作（运动）状态，使身体机能和心理活动达到最佳水平，逐渐适应后面较大的运动强度，提高锻炼效果，降低因心肺系统突然承受较大运动负荷而引起意外的可能性，减少运动损伤的可能性。准备活动可分为一般性准备活动和专项准备活动。

1）一般性准备活动：指在正式练习前所进行的活动量较小的全身性体育锻炼。运动形式主要是慢跑，同时可做一些伸展性体操和牵拉性练习，如徒手操、太极拳等。

2）专项准备活动：指一些与活动项目相似的准备活动内容，如踢足球前的传接球、射门，武术运动前的踢腿、劈叉等。专项准备活动的时间不要太长，但活动的质量要高。

准备活动的时间可根据不同的锻炼阶段有所变化。在开始锻炼的早期阶段，准备活动的时间可为 10～15 min；在锻炼的中后期，准备活动的时间可减少为 5～10 min。活动时间也要根据季节而变化，天气冷准备活动时间可以长一些，天气热可以短一些。如果活动的形式是散步则可以不做准备活动。选择不同方式锻炼时，准备活动的具体内容有所不同。如选择跑步作为锻炼方式，可以按以下步骤进行准备活动：

a）1～3 min 轻松的健身操（或类似的活动）练习；

b）1～3 min 的步行，心率控制在高于平时心率的 20～30 次 /min；

c）2～4 min 的拉伸练习（可任意选择）；

d）2～5 min 的慢跑并逐渐加速。

如果选择其他的锻炼方式，在按照以上步骤准备的同时以相应的活动方式替代步骤 b 和 d 即可。

（二）心肺功能锻炼的核心环节

心肺功能锻炼的核心环节也被称为运动处方的基本部分，它包括了运动处方中的运动方式或项目、运动强度、运动持续时间和运动频率等。

1. 运动方式或项目

尽可能选择有身体大肌肉群参与的、节奏相对较慢的有氧运动或混氧运动，如步行、慢跑、游泳、骑自行车、速度游戏、滑冰、越野滑雪、划船、跳绳、上楼梯、功率自行车、跑台运动等。在这些锻炼方式中首先选择自己最喜欢的运动，遵循可行性、安全性、全面性、针对性原则。例如，运动中对下肢冲击较强的运动（如跑、跳）比冲击较弱的运动（如游泳、骑自行车）更容易引起下肢关节的疼痛或受伤，另外，还可根据周边环境可以选择综合性、多样式的锻炼方式，以提高锻炼兴趣。

2. 运动强度

有研究指出，增强青少年心肺功能和心肺耐力的最佳运动强度范围为 50%～85% 最大摄氧量，对应的心率值范围为 70%～90% 最大心率。在确定运动强度时，心率指标比最大摄氧量指标更实用，因此常用心率间接地表示运动强度。表 4 显示了年龄为 20 岁的大学生心肺功能锻炼的目标心率情况。

表4　20岁的大学生目标心率、最大摄氧量和最大心率百分比的关系

目标心率（次/min）	最大摄氧量（%）	最大心率（%）
186	90	93
180	85	90
173	80	87
166	75	83
160	70	80
153	65	76
146	60	73
140	55	70
134	49	67

按照运动处方进行锻炼时，应注意把握锻炼者的靶心率（运动适宜心率），控制好运动负荷，避免运动负荷过大而产生过度疲劳，难以取得最佳的锻炼效果。人的主观感觉可能是评估运动锻炼效果的最方便、最可行的方法。从主观感觉来说，运动锻炼后感觉轻松愉快，食欲和睡眠良好，或者虽然稍感疲劳和肌肉酸痛，但大体仍感觉轻松愉快，次日感觉体力完全恢复，这就可判定主观感觉运动负荷适宜。相反，则可认为运动负荷不适宜。

3. 运动持续时间

提高心肺适应水平最有效的一次运动持续时间是20～60 min（不包括准备活动和整理活动）。根据每个人心肺机能适应水平和运动强度不同，运动持续时间应有区别。对于一个适应水平较低的锻炼者而言，20～30 min的锻炼就可提高心肺适应水平，而适应水平高的锻炼者可能需

要 40～60 min。低强度的锻炼要求练习的时间长于高强度的练习时间，如以 50% 最大摄氧量的强度进行锻炼，需要 40～50 min 才能有效地提高心肺适应水平；而以 70% 最大摄氧量的强度进行锻炼，仅需 20～30 min 即可。

4. 运动频率

有研究指出，每周锻炼 3～5 次可使心肺达到最大适应水平，且受伤的可能性较小，但每周锻炼超过 5 次并不能引起心肺适应水平的进一步提高。

（三）整理活动

整理活动的主要目的是使锻炼者心率、体温等机能水平慢慢恢复到安静时的正常状态。避免出现因突然停止运动而引起的心血管系统、呼吸系统的不良症状，如头晕、恶心、"重力性休克"等。常见的整理活动有：小强度运动，如步行或慢跑、柔韧性牵拉练习、放松体操、自我按摩等，时间一般至少 5 min，可持续 30 min。与准备活动相似，高强度和持续时间长的锻炼后的整理活动，需要更长时间的放松恢复。

四、心肺耐力锻炼的核心环节的几种锻炼方法

耐力素质，通常是指机体在较长的时间内保持特定强度负荷或动作质量的能力。运动训练学里，耐力素质一般可分

为一般耐力和专项耐力。运动生理学里，耐力素质可分为心肺耐力和肌肉耐力。广义的心肺耐力包括无氧运动耐力、有氧运动耐力、混合运动耐力，而无氧运动耐力也可称为速度耐力；狭义的心肺耐力主要指有氧运动耐力。心肺耐力是青少年体质健康素质的根基。

（一）持续训练法

持续训练法指长时间、长距离、慢节奏和中等强度（约 50%～70% 最大心率）的心肺锻炼方法，也是应用最广泛的一种锻炼方法。它能调动参与有氧代谢供能的器官与系统，充分改善有氧能力，提高心肺耐力。低强度且大运动量的 1～2 h 的耐力跑训练，主要燃烧体内脂肪供能；高强度的耐力训练（如 40 min 的山坡跑）使糖原进行有氧代谢供能且不产生乳酸积累。持续的有氧运动（如跑步或游泳）使青少年能保持更长时间的身体活动。

（二）间歇训练法

间歇训练法是指重复进行强度、时间、距离和间隔时间都比较固定的锻炼方法。练习持续的时间各不相同，一般为 1～5 min。每次练习后有一休息期，休息期的时间与练习时间相等或稍长于练习时间，但在休息期不让心率完全恢复，而在脉搏恢复到 120～140 次/min 后就开始新的运动负荷锻炼。积极的休息安排得越短，其状态越佳，速度距离就越短。通常在运动强度下降很大时安排休息，如跑步训练中的快步跑或走，划船时桨频和阻力下降，骑车时蹬踏频率和阻力降低。从运动生理学出发可将间歇训练分为突出量与突出强度的训练。突出量的间歇训练法旨在提高有氧能力，突出强度的间歇训练法旨在提高无氧能力。较高的无氧能力有助于青少年进行长时间的耐力活动。青少年通过冲刺训练能够提升无氧水平10%～14%，进入青春期和成年早期，通过无氧运动产生能量的能力会显著增强。间歇训练比持续训练能使人完成更大的运动量，且锻炼的方式可以有所变化，这就减少了其他锻炼方式容易造成的冗长与枯燥。

（三）重复训练法

重复训练法是指多次重复同一练习，两次练习之间安排相对充分休息的练习方法。通过具有最高强度的重复训练，能量储备（肌酸磷酸、糖原）清空，配合相应的富含碳水化合物的食品。重复训练法是超量补偿糖原储备的最佳方法。重复训练法能改善速度耐力、扩大能量储备和代谢过程经济化，但容易引起过度训练。

（四）法特莱克（Fartlek）训练法

"Fartlek"源自瑞典语中的"fart"（速度）和"lek"（玩）两个单词，意思是"速度的游戏"，是一种与间歇训练相似的长距离跑的锻炼方式，但练习时间与休息时间的比例不固定。法特莱克训练法的锻炼地点比较随意，这可减少运动枯燥感，增加运动乐趣。

（五）综合训练法

综合训练是由几种不同的锻炼内容组成的，如第一天是跑步，第二天为游泳，第三天骑自行车。综合训练的一个优点就是避免日复一日进行同一种练习的枯燥感，并且可以防止身体同一部位的过度使用。

五、运动处方实施的三阶段

锻炼者提高心肺适应水平的过程通常包括三个阶段：起始阶段、渐进阶段和维持阶段。

（一）起始阶段

许多人刚开始锻炼时热情有余，期望很高，以至于锻炼初期运动量过大，导致肌肉酸痛和过度疲劳，影响了坚持锻炼的信心。因此，在锻炼初期目标不能太高。锻炼起始阶段最重要的是让机体慢慢适应运动，可根据不同适应水平持续2～6周。

起始阶段的每次锻炼同样包括准备活动、锻炼模式（强度不应超过70%最大心率）和整理活动。起始阶段锻炼时应注意以下几点。

1）在以某一强度锻炼时应比较轻松；
2）感觉不适时不要延长运动时间；
3）有疼痛或酸痛感时应停止运动，让机体充分恢复。

（二）渐进阶段

渐进阶段时间较长，需持续 10～20 周。在这一阶段，锻炼的强度、频率和持续时间应逐渐增加。虽然每个人设置的目标不同，但锻炼频率应达到 3～4 次/周，每次锻炼的持续时间不短于 20 min，强度应达到 70%～90% 最大心率。

（三）维持阶段

锻炼者通过 16～28 周的锻炼即进入维持阶段。维持心肺适应水平的主要因素是运动强度，若运动强度和锻炼时间都维持在渐进阶段最后一周的水平，以及锻炼频率降至 2 次/周时，心肺适应水平也无明显降低；若保持渐进阶段的锻炼频率和强度，锻炼时间可减至 20～25 min。相反，在锻炼频率和时间都不变的情况下，强度减少 1/3 就可使心肺适应水平明显降低。因此，在运动强度不变时，适当减少锻炼频率和时间仍然可以保持锻炼效果。

第六章
青少年心肺功能锻炼的常见项目与注意事项

第六章 青少年心肺功能锻炼的常见项目与注意事项

有氧耐力训练是提高机体心肺功能的重要手段，常见的锻炼方式主要有长跑、步行、骑自行车、游泳、球类运动、爬山、打太极拳等。青少年应根据自身体质健康状况和周围环境条件选择自己喜欢的多种运动锻炼方式，避免单一和枯燥。

第一节　青少年心肺功能锻炼的常见项目

一、长跑

长跑被认为是青少年心肺功能锻炼最合适的运动项目之一。青春期生长发育阶段是发展最大有氧能力的关键时期。男生13～17岁、女生12～15岁是发展耐力素质的最佳时期，在心肺耐力的敏感发展期内，有目的地加强发展耐力素质的练习，就能取得事半功倍的锻炼效果。而错过了这个阶段，所遭受的损失是在成年后难以弥补的。

对青少年特别是中学生而言，跑步是最合适的有氧锻炼方式。对中老年人来说，较长时间的步行可能是更为合适的消耗脂肪、加强心肺功能的运动方式；但对于肌肉力量较强、骨骼发育良好的青少年来说，跑步则是更有效的刺激心肺功能的"利器"。因为跑步除了简便易行，对场地设施条件要求较低外，同其他运动方式相比其氧耗量更大，运动负荷更高。

主要表现为在同样的运动时间里，跑步比快走、骑车等运动能消耗更多能量，可以对心肺机能产生更强的刺激作用。例如，以 130 步 /min 的速度慢跑与以同样速度快走相比，每小时可多消耗 4 kcal 热量，与上楼梯相比，每小时则可多消耗 3 kcal 热量；而速度为 170 步 /min 的慢跑，同游泳和以较快速度骑自行车相比，每小时分别多消耗 3 kcal 和 3.5 kcal 热量。更重要的是，跑步是全身性的协调运动，经常参加中等速度的慢跑锻炼，不仅能够强化心血管系统和呼吸系统的功能，还能有效提高肌肉力量和耐力、灵敏性、协调性等运动素质，为参加其他各项运动打下良好的基础，对于有志于全面锻炼身体素质的青少年来说更为适合。

在美国、日本等发达国家，由于长跑所具有的显著健身效果和对人意志的磨炼作用，其已成为一项在大中小学校深受欢迎的运动方式。美国高中有不少学生参加九、十两个月运动赛季的长跑训练，学生们每周的训练量平均会达到 70~80 km，最多时会超过 100 km。在日本，马拉松是受到热捧的运动项目，长跑更是各个学校体育大会的必备项目。长跑成绩出色的学生，不仅有资格代表学校参加各种校际马拉松接力对抗赛，更会被视为校园偶像。

美国的《跑步者世界》（*Runner's World*）是世界跑步领域的权威杂志，其中特别为初学跑步者提供了良好的建议，如"5 周 5 km 计划""10 周完美跑步计划"，培养跑步爱好和习惯，建议初学者不要太在意速度，应关注跑步的里程。对于身体素质较好的人群，可以从"5 周 5 km 计划"开始；

第六章 青少年心肺功能锻炼的常见项目与注意事项

对于完全没有任何运动经验，身体素质一般或较差的人群，可以开展"10周完美跑步计划"。"10周完美跑步计划"中，建议每周锻炼时间为3～4次，如星期一、三、五、六，其余三天休息。跑步强度以慢速舒适为宜，可以和同伴说话。训练开始前应步行热身2～3 min，训练后再步行2～3 min作为整理运动。

10周完美跑步计划方案：

- 第一周：跑1 min，走2 min。重复7次；
- 第二周：跑1 min，走1 min。重复10次；
- 第三周：跑2 min，走1 min。重复7次；
- 第四周：跑3 min，走1 min。重复5次；
- 第五周：跑4 min，走1 min。重复4次；
- 第六周：跑6 min，走1 min。重复3次；
- 第七周：跑9 min，走1 min。重复2次；
- 第八周：跑12 min，走1 min，再跑7 min；
- 第九周：跑15 min，走1 min，再跑4 min；
- 第十周：跑20 min。

二、步行

散步和急行的特点是简便易行，运动量易控制。急行比散步对心肺的锻炼价值更大。据测试，快速步行（每分钟100步以上）可使心率增至100次/min以上，但应注意步态稳定，步幅均匀，呼吸自然。如体力不能耐受，可随时减慢速度。单以散步作为锻炼项目者，每次散步 45～60 min，每日 1～2 次；或每日走 800～2000 m，中间可穿插急行。

定量步行（又称医疗步行）：是逐渐锻炼心脏、提高心脏工作能力的好方法。这种步行方式包括平地走、上坡走和下坡走。

决定步行的负荷量主要有下列几种因素：

1）距离；

2）登坡次数；

3）坡度；

4）行进速度；

5）中间休息的次数和时间。

锻炼者最初可在平坦的路上步行，距离从 1000 m、2000 m，逐步增加，依各人情况而定，体力稍好者可在有短程低坡度的线路上步行，只要身体和天气情况许可，每天或隔天做一次定量步行，有利于锻炼心脏的工作能力。每次锻炼前后，应做好准备与恢复运动。未经准备就突然进行大运动量的活动，容易引起心肌缺血而诱发绞痛，同样，未经放松运动就突然停止活动，也易引起心脏不适，甚至产生不良反应。若在运动过程中出现气促、眩晕感，应增加间歇时间，或穿插平稳的呼吸练习。若感觉极度疲劳、胸闷或心前区、左上臂、左颈部有紧迫感或痛感，应立即停止运动。

三、游泳

游泳前应充分做好陆上的准备活动,如慢跑一会儿、做徒手操等。应在有组织或有同伴的情况下参加游泳,不能单独野游,更不能到不了解环境的江河湖海去游泳,以免发生意外(图13)。最好选择25～27 ℃的水温游泳,若水温太低,会加重体内小动脉的收缩而使血压升高。宜采用不太费力的方式,如仰泳、蛙泳。游泳时动作不应太剧烈,运动量也不宜过大,否则会加重心肺负担,促使血压升高。

图13　在有组织或有同伴的情况下游泳

初学游泳容易紧张,会促使血压升高,因此最好有熟悉水性的人陪伴或指导,以帮助消除恐惧心理。有些青少年游泳就要游到筋疲力尽，这样也不利于健康。游泳时间不宜过久，一般来说，长时间游泳会引起心跳过速和肌肉劳损，从而导致头晕、胸闷。水温要适宜，水温过凉会造成皮肤血管收缩，肤色苍白；在水中停留一定时间后，体表血流扩张，皮肤由苍白转呈浅红色，肢体由冷转暖；但若停留过久，体温热散大于热发，皮肤出现鸡皮疙瘩，并开始打寒颤。对于患有心血管疾病的青少年来说，这些反应会造成回心血量的剧烈变化，这种刺激有可能是致命的，所以要选择合适的游泳场所和时间，以及适宜的水温，避免不必要的风险。同时注意不要长时间曝晒游泳。游泳时如果感觉乏力，应立即停止游泳。

四、跳绳

进行跳绳运动时，可以使用变速的跳绳来训练心肺功能，因为心肺功能的提高要有一定强度。如以最快速度跳绳 20 s，慢速跳绳 40 s 为一个轮回，进行 15～20 轮。

方法与技巧：两手分别握住绳两端的把手，通常情况下以一脚踩住绳子中间，两臂屈肘将小臂抬平，绳子被拉直即为适合的长度。跳绳时要用前脚掌起跳和落地，切记不要用全脚掌或脚跟落地，以免脑部受到震动。当跃起时，不要极度弯曲身体，要成为自然弯曲的姿势。跳时，呼吸要自然有节奏。向前摇时，大臂靠近身体两侧，肘稍外展，小臂近似水平，用手腕发力做外展内旋运动，使两手在体侧做画圆动作。每摇动一次，绳子从地面经身后向上向下，回旋一周，绳子转动的速度和手摇绳的速度成正比，摇动越快则绳子回旋越快。

注意事项：跳绳运动只需要很小的活动空间，但地面必须平坦，而且要穿上抗震力强的运动鞋，这样可以缓和膝盖和脚踝与地面接触时的冲撞，否则跳动时的反作用力可能会影响脊椎、脑部，造成运动伤害。

五、乒乓球

打乒乓球可以加速血液循环，使冠状动脉有足够的血液供给心肌，从而预防各种心脏疾病。通过全身的运动，促使静脉血流回心脏，还可以预防静脉内血栓形成。长期进行规律性的打乒乓球可增强肺部呼吸肌，使每次换气量变大，肺功能增强。

六、羽毛球

高强度羽毛球运动者的心率可达到160～180次/min，中强度运动心率可达到140～150次/min，低强度运动心率也可以达到100～130次/min。所以羽毛球运动对青少年心肺功能水平的影响和提高具有一定的导向性。青少年长期进行羽毛球运动，可使心跳强而有力，肺活量加大。同时，它也是一项有氧和无氧相结合的运动（有氧大于无氧）。

锻炼者在进行羽毛球运动前应多做热身运动，这样才能有效预防拉伤和减少运动对心肺不足的伤害。热身的基础动作包括弯腰、压腿、跨步、高抬腿走等。热身后最好不要立即喝水，稍等片刻再喝水。在运动时避免过度疲劳，要不断调整自己的状态，避免过度劳累。如果感到疲劳，应立即停止锻炼，也可以通过走动缓解劳累。

第二节　青少年心肺功能锻炼的注意事项

加强青少年心肺耐力训练，有利于其心肺的适应能力，对青少年体质健康有重要作用。针对青少年的心肺耐力训练，需要特别注意以下事项。

一、科学安排训练方法

掌握青少年耐力自然发展的趋势，以便科学地安排耐力训练。耐力素质的发展水平是随着年龄的增长而逐渐提高的，如进行 3 min 的活动测定，9 岁儿童的耐力只能达到成人的 40%，12 岁时达到成人的 65%，15 岁时便可达到成人的 92%。青少年耐力训练必须以有氧耐力训练为主，过早地

第六章　青少年心肺功能锻炼的常见项目与注意事项

进行无氧耐力训练，会严重影响到他们的循环系统未来的功能水平。青少年进行耐力训练的内容手段应是多种多样的，不应只局限于长跑的练习，可选用活动性游戏、球类运动、骑自行车、滑冰、登山和循环练习等。

青少年进行耐力训练的基本方法为持续训练法，此外，还可用法特莱克变速跑等。如使用间歇训练法，应以小强度的间歇法为主，工作强度控制在 30%～60%。练习总时间为 20 min 左右。练习与休息时的比例可按 1∶1 安排。随着年龄增长，到 15 岁以后可使用较大强度的间歇训练法，强度可达 50% 以上。

二、坚持耐力练习

每年进行耐力练习的人不计其数，但近半数的锻炼者在最初的 6 个月中就放弃锻炼了。中途退出的原因很多，但主要的原因是退出者称没有时间继续锻炼。因此关键是要有一个安排合理的锻炼计划，并持之以恒。可以说，只要合理安排，任何人都能找到时间锻炼。另一个中途退出的原因是耐力练习缺乏趣味性，像步行、跑步和骑自行车等都是提高心肺适应水平的有效锻炼方式，但长期坚持可能会觉得枯燥。此外，同朋友一起锻炼可使耐力练习变得有趣，有锻炼伙伴也有助于自己坚持进行锻炼。

三、循序渐进和超量恢复原则

心肺功能的提高不是一两天就能完成的事情。在心肺锻炼过程中，运动的强度、频率和时长应遵循循序渐进的原则，也就是要求训练由易到难，由简到繁。只有身体适应了训练强度，才能减少运动损伤的出现，才能更高效地提高心肺功能素质。

超量恢复原则是指人体运动后机体的能量恢复阶段，机体在运动时消耗的能量及各器官、系统的机能不仅得以恢复甚至超过原先水平，待保持一段时间后又回到原有水平。超量恢复原则经常运用于规划训练安排中，在恢复到适当状态的前提下安排更多的锻炼。

超量恢复学说认为：

1）在适宜的刺激强度下，运动肌糖原消耗量随刺激强度增大而增加；

2）在恢复期的一个阶段中，会出现被消耗的物质超过原来数量的恢复阶段，称为超量恢复；

3）超量恢复的数量与消耗过程有关，在一定范围内，消耗越多，超量恢复效果越明显。

此后，许多学者对肌肉中磷酸肌酸、肌肉蛋白质、肌红蛋白、磷脂、酶活性的超量恢复过程进行了研究，进一步证实了超量恢复的基本规律是客观存在的，并且不同物质超量恢复的速度不同。由此提出：①肌肉活动时消耗物质的超量恢复原理；②运动后恢复期物质恢复的异时性原理。

第六章 青少年心肺功能锻炼的常见项目与注意事项

在耐力性项目的训练活动中，通过恰当地安排训练与恢复的内容，可以帮助运动员实现积极的生理适应，并使他们在特定时段获得最佳竞技状态。为实现这一目标，训练方案通常要经过精心设计。在整体训练活动的实施过程中，设计周密的训练方案不仅能使运动员的有机体得到积极、系统的恢复，还能减少发生运动损伤和疾病的概率。当运动员承受大负荷的训练刺激时，机体将处于高度的生理应激状态，这需要通过采取一些适当的恢复措施才能积极地适应这种状态。

如果运动员的机体不能得到充分恢复，那么，训练活动就不能以最佳方式促进其竞技能力的逐步提高，也不能充分挖掘其机体潜在的机能能力。需要特别注意的是，恢复并不仅仅意味着不安排训练活动的休息日。恢复可以有多种形式，包括运动技巧和技术的练习、按摩、良好的睡眠、有氧交叉训练和适当的营养补充等。在训练计划中，这些内容对于促进运动员的机能恢复都很重要。

四、过度训练与超负荷训练

青少年对负荷强度的承受能力和适应能力都有一定的限度，一旦超过这个限度，青少年或运动员的机体将不能适应施加给他们的训练负荷，身体机能反而会下降。超负荷训练是指在训练过程中，为实现提高运动员竞技能力的目的，而有计划、系统地和渐进地增加训练负荷的一种训练方法。积极的训练适应存在一个区间，在这一区间内，运动员通过训练能够有所收益。但也存在尺度问题，如果大负荷训练安排的太少（称之为训练不足），虽然也会出现一些训练适应，但竞技能力的提高会非常有限。因此，制定一个合理的、包括恢复阶段的超负荷训练方案，能使运动员的机体最大限度地产生训练适应，并大幅度提高竞技能力。另外，当承受了太大的负荷量或负荷强度而不能得到充分恢复时，就会在短期内出现训练过量的现象。如果没有意识到这种状况，短期内的训练过量将转化为过度训练。为避免这种情况，需要协调训练不足与训练过量之间的关系，并在其中寻找一种平衡，保证在机体恢复的前提下不断关注高质量的训练。只有这样，才能不断提高运动员的竞技能力而不会有过度训练的风险。

五、建立健康档案

对体质差或有健康问题的青少年，应建立健康档案。运动档案是运动锻炼者不可缺少的工具，是运动锻炼过程规范和科学的记录。运动档案是以运动者个人健康为核心，贯穿整个生命过程，涵盖运动各相关因素，是运动锻炼科学安全的保证。

体质健康档案。常规体质健康档案是指从开始进行运动锻炼之前至当前运动锻炼者身体情况的一个记录，包含其健康状况的发展变化情况以及所接受的各项卫生服务记录和运

第六章 青少年心肺功能锻炼的常见项目与注意事项

动机能测试等。

运动档案。运动档案记录的是锻炼者每次运动的情况，包括运动项目、运动强度、运动时间、运动疲劳指数等基本信息。通过运动信息及相关数据，推算每次运动的能量消耗。运动档案的建立，可以完整、系统地监测锻炼者的运动状况，并配合其他指标、数据，对运动锻炼效果进行评价。

运动效果评价档案。运动效果评价档案是运动者经过某一阶段的运动锻炼后，检测自身的身体变化情况，并进行记录建档。如通过对比体重、血压、血糖、血脂、血胆固醇、白细胞计数、红细胞计数、血红蛋白等指标变化，并配合运动档案，对运动锻炼效果进行评价。

六、哮喘儿童青少年的身体活动与心肺功能锻炼

运动性哮喘又称为运动诱发性哮喘，是支气管哮喘的一种特殊表现类型，其症状可能有呼吸急促、干燥、无力的咳嗽、胸闷或喘息（呼吸时有呼啸音）等。其原因可能是锻炼可以使呼吸道黏膜脱水，并导致气道内渗透压一过性升高和支气管收缩等。这种现象在运动员中更为普遍，可能是因为他们比普通人吸收和排出更多的空气。运动员也可能会花费更多的时间在户外锻炼，并且更容易暴露于环境触发因素和气道刺激物（如污染或花粉）中。另外，如果锻炼者倾向于在凉爽、干燥的空气中进行户外运动，则可能更容易受到这种影响，与温暖、潮湿的环境相比，这种空气对肺部的

刺激更大。针对运动诱发性哮喘或临床哮喘儿童、青少年患者，越来越多的证据表明身体活动和心肺功能锻炼是哮喘管理控制的非药物治疗策略之一。哮喘儿童在医生指导使用药物控制好症状的前提下，还是应鼓励定期进行身体活动以获得全面的健康益处。许多患有哮喘的学龄儿童通过规避中高强度身体活动"控制"哮喘发作，但事实上却掩盖了哮喘没有得以有效控制的事实。因此，如果儿童、青少年在身体活动后容易诱发哮喘，说明其哮喘症状没有得到有效控制，应该及时咨询医生及时调整治疗方案，确保在控制好哮喘症状的前提下定期进行身体活动，因为缺乏中高强度身体活动会使得其体适能下降且肥胖风险增高。对于运动诱发性哮喘的儿童、青少年，应该由医生对其肺功能及症状进行评估并进行干预指导，可以在运动前，通过使用相应药物预防控制支气管痉挛症状；如果多种因素可以诱发哮喘的，应该在医生评估指导下通过长期规范的药物治疗减少运动诱发性支气管痉挛的发生。此外，日常训练以及充分热身活动（尤其不同强度交替进行的热身活动）可以降低运动诱发性支气管痉挛的发生率及严重程度。常规身体活动可以提高心肺适能，提高哮喘儿童的生活质量，但目前关于身体活动形式的推荐证据仍不足。有证据显示，游泳可以改善哮喘儿童的肺功能，缓解其哮喘症状，但是应该在非氯气暴露的泳池进行游泳运动，尤其要避免哮喘未得到有效控制的儿童、青少年在高氯游泳池中进行中高强度竞技游泳。

参考文献

《运动解剖学》编写组．2013．运动解剖学．北京：北京体育大学出版社．

邓建伟，曹莉．2019．高强度间歇训练与儿童青少年健康促进的研究进展．中国体育科技，55（6）：21-34．

盖格．2011．耐力训练：运动医学建议．杨要武译．北京：北京体育大学出版社．

季成叶，张玉青．1993．10～19岁男性青少年最大有氧活动能力的间接测定．中国运动医学杂志，12（4）：193-197．

李常青．2012．功率自行车实验评定初中生心肺功能方法的研究．北京体育大学．

李相如．2013．青少年健身路径锻炼指导手册．北京：人民体育出版社．

刘建秀，方雯，王帝之，等．2019．高强度间歇训练促进儿童青少年健康：现状·机制·可行性．体育科学，39（8）：61-72．

美国体能协会．2015．耐力训练．石宏杰译．北京：北京体育大学出版社．

王瑞元，苏全生．2012．运动生理学．北京：人民体育出版社．

王正珍，赵慧娟．2005．超重和肥胖少年心肺功能下降及与身体成分的相关性．体育科学，（9）：29-32．

许叶．2013．两种定量负荷评价13～15岁初中生心肺功能能力方法的比较研究．北京体育大学．

尹小俭．2017．心肺耐力是儿童青少年体质健康的重要维度．中国学校卫生，38（12）：1761-1764．

云婷，马生霞，陈畅，等．2017.中国儿童青少年身体活动指南．中国循证儿科杂志，12（6）：401-409．

周多奇，王永．2016．有氧运动与健康．合肥：中国科学技术大学出版社．

American College of Sports Medicine．2013．ACSM's guide lines for exercise testing and prescription．Lippincott: Williams & Wilkins．

附　　　录

一、心肺有氧耐力素质监测的国家学生体质健康标准

《国家学生体质健康标准》中，小学五、六年级心肺有氧耐力的测试方法有 50 m×8 往返跑；初中、高中、大学的心肺有氧耐力素质的测定方法有台阶试验、1000 m 跑（男）、800 m 跑（女）。

1. 台阶试验

附表1　《国家学生体质健康标准》台阶试验之台阶高度　（单位：cm）

年级	男	女
初中	40	35
高中	40	35
大学	40	35

附表2　《国家学生体质健康标准》台阶试验评价标准

性别	年级	优秀	良好	及格	不及格
男	初一	62	<62～≥53	<53～≥46	<46
	初二	62	<62～≥53	<53～≥46	<46
	初三	62	<62～≥53	<53～≥46	<46
	高一	62	<62～≥53	<53～≥46	<46
	高二	62	<62～≥53	<53～≥46	<46
	高三	64	<62～≥53	<53～≥46	<46
	大学	67	<62～≥53	<53～≥46	<46
女	初一	60	<60～≥49	<49～≥42	<42
	初二	60	<60～≥49	<49～≥42	<42
	初三	60	<60—≥49	<49—≥42	<42
	高一	60	<60～≥49	<49～≥42	<42
	高二	60	<60～≥49	<49～≥42	<42
	高三	60	<60～≥49	<49～≥42	<42
	大学	60	<60—≥49	<49—≥42	<42

2. 50 m×8 往返跑

附表 3 《国家学生体质健康标准》男生 50 m×8 往返跑标准

（单位：'，"）

等级	单项得分	五年级	六年级	初一	初二	初三	高一	高二	高三	大一大二	大三大四
优秀	100	1'36"	1'30"	3'55"	3'50"	3'40"	3'30"	3'25"	3'20"	3'17"	3'15"
	95	1'39"	1'33"	4'05"	3'55"	3'45"	3'35"	3'30"	3'25"	3'22"	3'20"
	90	1'42"	1'36"	4'15"	4'00"	3'50"	3'40"	3'35"	3'30"	3'27"	3'25"
良好	85	1'45"	1'39"	4'22"	4'07"	3'57"	3'47"	3'42"	3'37"	3'34"	3'32"
	80	1'48"	1'42"	4'30"	4'15"	4'05"	3'55"	3'50"	3'45"	3'42"	3'40"
	78	1'51"	1'45"	4'35"	4'20"	4'10"	4'00"	3'55"	3'50"	3'47"	3'45"
	76	1'54"	1'48"	4'40"	4'25"	4'15"	4'05"	4'00"	3'55"	3'52"	3'50"
	74	1'57"	1'51"	4'45"	4'30"	4'20"	4'10"	4'05"	4'00"	3'57"	3'55"
	72	2'00"	1'54"	4'50"	4'35"	4'25"	4'15"	4'10"	4'05"	4'02"	4'00"
	70	2'03"	1'57"	4'55"	4'40"	4'30"	4'20"	4'15"	4'10"	4'07"	4'05"
及格	68	2'06"	2'00"	5'00"	4'45"	4'35"	4'25"	4'20"	4'15"	4'12"	4'10"
	66	2'09"	2'03"	5'05"	4'50"	4'40"	4'30"	4'25"	4'20"	4'17"	4'15"
	64	2'12"	2'06"	5'10"	4'55"	4'45"	4'35"	4'30"	4'25"	4'22"	4'20"
	62	2'15"	2'09"	5'15"	5'00"	4'50"	4'40"	4'35"	4'30"	4'27"	4'25"
	60	2'18"	2'12"	5'20"	5'05"	4'55"	4'45"	4'40"	4'35"	4'32"	4'30"
	50	2'22"	2'16"	5'40"	5'25"	5'15"	5'05"	5'00"	4'55"	4'52"	4'50"
	40	2'26"	2'20"	6'00"	5'45"	5'35"	5'25"	5'20"	5'15"	5'12"	5'10"
不及格	30	2'30"	2'24"	6'20"	6'05"	5'55"	5'45"	5'40"	5'35"	5'32"	5'30"
	20	2'34"	2'28"	6'40"	6'25"	6'15"	6'05"	6'00"	5'55"	5'52"	5'50"
	10	2'38"	2'32"	7'00"	6'45"	6'35"	6'25"	6'20"	6'15"	6'12"	6'10"

附　录　115

附表 6 《国家学生体质健康标准》女生耐力跑单项评分表

（单位：'，"）

等级	单项得分	五年级	六年级	初一	初二	初三	高一	高二	高三	大一大二	大三大四
优秀	100	1'41"	1'37"	3'35"	3'30"	3'25"	3'24"	3'22"	3'20"	3'18"	3'16"
	95	1'44"	1'40"	3'42"	3'37"	3'32"	3'30"	3'28"	3'26"	3'24"	3'22"
	90	1'47"	1'43"	3'49"	3'44"	3'39"	3'36"	3'34"	3'32"	3'30"	3'28"
良好	85	1'50"	1'46"	3'57"	3'52"	3'47"	3'43"	3'41"	3'39"	3'37"	3'35"
	80	1'53"	1'49"	4'05"	4'00"	3'55"	3'50"	3'48"	3'46"	3'44"	3'42"
	78	1'56"	1'52"	4'10"	4'05"	4'00"	3'55"	3'53"	3'51"	3'49"	3'47"
	76	1'59"	1'55"	4'15"	4'10"	4'05"	4'00"	3'58"	3'56"	3'54"	3'52"
	74	2'02"	1'58"	4'20"	4'15"	4'10"	4'05"	4'03"	4'01"	3'59"	3'57"
	72	2'05"	2'01"	4'25"	4'20"	4'15"	4'10"	4'08"	4'06"	4'04"	4'02"
	70	2'08"	2'04"	4'30"	4'25"	4'20"	4'15"	4'13"	4'11"	4'09"	4'07"
及格	68	2'11"	2'07"	4'35"	4'30"	4'25"	4'20"	4'18"	4'16"	4'14"	4'12"
	66	2'14"	2'10"	4'40"	4'35"	4'30"	4'25"	4'23"	4'21"	4'19"	4'17"
	64	2'17"	2'13"	4'45"	4'40"	4'35"	4'30"	4'28"	4'26"	4'24"	4'22"
	62	2'20"	2'16"	4'50"	4'45"	4'40"	4'35"	4'33"	4'31"	4'29"	4'27"
	60	2'23"	2'19"	4'55"	4'50"	4'45"	4'40"	4'38"	4'36"	4'34"	4'32"
不及格	50	2'27"	2'23"	5'05"	5'00"	4'55"	4'50"	4'48"	4'46"	4'44"	4'42"
	40	2'31"	2'27"	5'15"	5'10"	5'05"	5'00"	4'58"	4'56"	4'54"	4'52"
	30	2'35"	2'31"	5'25"	5'20"	5'15"	5'10"	5'08"	5'06"	5'04"	5'02"
	20	2'39"	2'35"	5'35"	5'30"	5'25"	5'20"	5'18"	5'16"	5'14"	5'12"
	10	2'43"	2'39"	5'45"	5'40"	5'35"	5'30"	5'28"	5'26"	5'24"	5'22"

注：小学五年级至六年级：50 m×8 往返跑；初中、高中、大学：800 m 跑。

二、ACSM 儿童及青少年运动处方指南与原则

《美国运动医学会运动试验与处方指南》列出以下指导原则，这些都是针对健康相关因素而设定的最低运动量。

运动频率：每周的多数日子里，尽可能都进行运动。

运动强度：中等强度（能够明显地增加呼吸、心率，并出汗的运动）到高强度（能够引起急促呼吸、心率增加，并大量出汗的运动）。

运动时间：30 min 中等强度运动及 30 min 高强度运动，总和 60 min 的运动。

运动类型：适合儿童及青少年，并能够使其乐于参与、能增强其体质的运动。这些运动包括健步走、各种体育游戏、跳舞或各种竞技运动。

对于成年人，应该鼓励儿童进行生活方式运动或业余时间计划性运动，或者两者结合起来运动。

注意事项：

- ◆ 儿童及青少年应该进行力量训练的练习，最好能够为其提供指导并进行监督。一般来讲，也可以进行适于成年的抗阻力量训练。应进行 8～15 次练习，在阻力负荷增加前达到中等程度的疲劳感觉，并用适当的负荷形式。
- ◆ 由于儿童及青少的体温调节能力较差，他们进行锻炼的环境温度应当较为适宜，且湿度适中。此处可以参阅美国运动医学会关于在高温环境中运动和补水的附加说明。

◆ 对于超重或无运动的儿童及青少年而言，很可能完不成连续 60 min 的体育活动，因此应逐渐地增加其体育活动的运动量及运动时间，使其达标。

◆ 对于那些患有哮喘、糖尿病、肥胖症、肺囊性纤维化、脑瘫等疾病的儿童而言，非常有必要根据患儿的具体情况、症状以及功能水平条件来制定运动处方。详见《美国运动医学会运动试验与处方指南》第 10 章关于针对此类疾病附加的锻炼建议条款。

◆ 应当尽量减少坐姿活动（如看电视、沉迷网络、打电子游戏等），增加可促进终身运动及健康的运动（如步行锻炼或自行车锻炼）。

附表4 《国家学生体质健康标准》女生 50 m×8 往返跑标准

(单位：'，")

等级	单项得分	五年级	六年级	初一	初二	初三	高一	高二	高三	大一大二	大三大四
优秀	100	1'41"	1'37"	3'35"	3'30"	3'25"	3'24"	3'22"	3'20"	3'18"	3'16"
	95	1'44"	1'40"	3'42"	3'37"	3'32"	3'30"	3'28"	3'26"	3'24"	3'22"
	90	1'47"	1'43"	3'49"	3'44"	3'39"	3'36"	3'34"	3'32"	3'30"	3'28"
良好	85	1'50"	1'46"	3'57"	3'52"	3'47"	3'43"	3'41"	3'39"	3'37"	3'35"
	80	1'53"	1'49"	4'05"	4'00"	3'55"	3'50"	3'48"	3'46"	3'44"	3'42"
	78	1'56"	1'52"	4'10"	4'05"	4'00"	3'55"	3'53"	3'51"	3'49"	3'47"
	76	1'59"	1'55"	4'15"	4'10"	4'05"	4'00"	3'58"	3'56"	3'54"	3'52"
	74	2'02"	1'58"	4'20"	4'15"	4'10"	4'05"	4'03"	4'01"	3'59"	3'57"
	72	2'05"	2'01"	4'25"	4'20"	4'15"	4'10"	4'08"	4'06"	4'04"	4'02"
及格	70	2'08"	2'04"	4'30"	4'25"	4'20"	4'15"	4'13"	4'11"	4'09"	4'07"
	68	2'11"	2'07"	4'35"	4'30"	4'25"	4'20"	4'18"	4'16"	4'14"	4'12"
	66	2'14"	2'10"	4'40"	4'35"	4'30"	4'25"	4'23"	4'21"	4'19"	4'17"
	64	2'17"	2'13"	4'45"	4'40"	4'35"	4'30"	4'28"	4'26"	4'24"	4'22"
	62	2'20"	2'16"	4'50"	4'45"	4'40"	4'35"	4'33"	4'31"	4'29"	4'27"
	60	2'23"	2'19"	4'55"	4'50"	4'45"	4'40"	4'38"	4'36"	4'34"	4'32"
不及格	50	2'27"	2'23"	5'05"	5'00"	4'55"	4'50"	4'48"	4'46"	4'44"	4'42"
	40	2'31"	2'27"	5'15"	5'10"	5'05"	5'00"	4'58"	4'56"	4'54"	4'52"
	30	2'35"	2'31"	5'25"	5'20"	5'15"	5'10"	5'08"	5'06"	5'04"	5'02"
	20	2'39"	2'35"	5'35"	5'30"	5'25"	5'20"	5'18"	5'16"	5'14"	5'12"
	10	2'43"	2'39"	5'45"	5'40"	5'35"	5'30"	5'28"	5'26"	5'24"	5'22"

3. 1000 m 跑、800 m 跑、400 m 跑

附表 5 《国家学生体质健康标准》男生耐力跑单项评分表

(单位：'，")

等级	单项得分	五年级	六年级	初一	初二	初三	高一	高二	高三	大一 大二	大三 大四
优秀	100	1'36"	1'30"	3'55"	3'50"	3'40"	3'30"	3'25"	3'20"	3'17"	3'15"
	95	1'39"	1'33"	4'05"	3'55"	3'45"	3'35"	3'30"	3'25"	3'22"	3'20"
	90	1'42"	1'36"	4'15"	4'00"	3'50"	3'40"	3'35"	3'30"	3'27"	3'25"
良好	85	1'45"	1'39"	4'22"	4'07"	3'57"	3'47"	3'42"	3'37"	3'34"	3'32"
	80	1'48"	1'42"	4'30"	4'15"	4'05"	3'55"	3'50"	3'45"	3'42"	3'40"
	78	1'51"	1'45"	4'35"	4'20"	4'10"	4'00"	3'55"	3'50"	3'47"	3'45"
	76	1'54"	1'48"	4'40"	4'25"	4'15"	4'05"	4'00"	3'55"	3'52"	3'50"
	74	1'57"	1'51"	4'45"	4'30"	4'20"	4'10"	4'05"	4'00"	3'57"	3'55"
	72	2'00"	1'54"	4'50"	4'35"	4'25"	4'15"	4'10"	4'05"	4'02"	4'00"
	70	2'03"	1'57"	4'55"	4'40"	4'30"	4'20"	4'15"	4'10"	4'07"	4'05"
及格	68	2'06"	2'00"	5'00"	4'45"	4'35"	4'25"	4'20"	4'15"	4'12"	4'10"
	66	2'09"	2'03"	5'05"	4'50"	4'40"	4'30"	4'25"	4'20"	4'17"	4'15"
	64	2'12"	2'06"	5'10"	4'55"	4'45"	4'35"	4'30"	4'25"	4'22"	4'20"
	62	2'15"	2'09"	5'15"	5'00"	4'50"	4'40"	4'35"	4'30"	4'27"	4'25"
	60	2'18"	2'12"	5'20"	5'05"	4'55"	4'45"	4'40"	4'35"	4'32"	4'30"
	50	2'22"	2'16"	5'40"	5'25"	5'15"	5'05"	5'00"	4'55"	4'52"	4'50"
	40	2'26"	2'20"	6'00"	5'45"	5'35"	5'25"	5'20"	5'15"	5'12"	5'10"
不及格	30	2'30"	2'24"	6'20"	6'05"	5'55"	5'45"	5'40"	5'35"	5'32"	5'30"
	20	2'34"	2'28"	6'40"	6'25"	6'15"	6'05"	6'00"	5'55"	5'52"	5'50"
	10	2'38"	2'32"	7'00"	6'45"	6'35"	6'25"	6'20"	6'15"	6'12"	6'10"

注：小学五年级至六年级：50 m×8 往返跑；初中、高中、大学：1000 m 跑。